U0086798

20世代，
你的人生
是不是卡住了……

The
Defining
Decade

Why your twenties matter and how to make the most of them now

梅格·潔伊　著
Meg Jay, PhD

For Jay and Hazel

關於愛情，
我想說的是……

》找工作、找愛人都是人生的重要功課

我大約十五年前開設了愛情課程，當時有民眾抗議，說我玷污了神聖的大學殿堂。學生對這類課程其實需求很大，但大專院校卻不鼓勵開設這樣的課程。

大家都以為現代人交友比較自由了，但就我這幾年收到學生的提問，發現還是有很多人不知道怎麼開始，或不知道怎麼結束，更有一些人不知道怎麼去維繫感情。

有一個我印象最深刻的誇張例子，有一個男同學去告白，女生也答應了，他卻茫然了，不知道下一步怎麼走，於是跑來問我。那我更茫然了，這樣當初為什麼要去告白呢？莫非是以為：哦耶，我告白成功了！然後就覺得Game Over了嗎？

我只能引用《馬太福音》的一句話來回答他：找，你就會找到。還沒找方法之前不要來問老師。

我常跟學生說，愛情要「平等對待，共同奮鬥」。交往不是怕對方生氣，隱瞞這隱瞞那，情人不是上司對下屬的關係。但這麼多年了，還是有人不懂。

在這本書中也有個類似的案例，在愛情關係中，有些人自尊放得很低，好像有人願意愛我，這是我的榮幸，願意為對方做一切，這不是平等的概念。你愛我，是因為我也愛你；我願意為你做一切，是因為你也願意為我做一切。

尤其在同居的關係中，很多女生會這樣犧牲，而大部分的男生，還是傳統的思維，同居其實是想找個媽媽、女僕、甚至是妓女。但反思自己，能做到相應嗎？能當對方的爸爸、長工或牛郎嗎？對於關係的期待，很多人還是分不清楚。

≫同居不是測試感情的最佳方法

這本書提到同居不是測試感情的最好方法，先同居也跟降低離婚率沒有關連。這點我也很認同。

但是現在普遍認為同居是可行的，理由常常是：不先住在一起，怎麼知道對方適不適合？

然而事實上，同居是輕率且危險的決定，這也經過研究訪談證實了，特別是同居以後再結婚與不同居而結婚，兩者間的離婚率並沒有太大的差別。所以認為同居是先磨合彼此關係，並不代

表這段關係就會比較穩定。

　　同居和結婚都同樣要處理性生活、家務分工、和財務分工。這幾方面其實是一樣的。

　　而且分手不見得比離婚容易，理論上不用跟親友交代，東西搬一搬就可以走人，好像很便利，但其中有很多牽扯是雙方忽略，或故意視而不見的，譬如同居中的暴力行為，這種都被隱匿不談的。

　　而反過來說，如果雙方都那麼理性又契合，那結婚又有什麼不好呢？可以收禮金，又可以公開雙方關係，離婚後還有贍養費，不是更理想嗎？在這社會中，能符合社會價值，活起來還是比較舒服的。同居還要應付這種額外的困擾，例如社會的觀感，這不是很辛苦嗎？而且，就算是分手了，結婚還是比同居有更多的保障。這麼比較下來，結婚還是勝出。

⟫ 結 婚 是 戀 愛 更 高 層 次 的 型 態

　　現代人對晚婚還有個迷思，認為延後結婚的決定，雙方都經過深思熟慮了，婚姻關係會比較穩固。

　　但我也不認為結婚跟個性成熟有太大的關連，結婚是一個成長的過程，不是一個死局，結婚是戀愛的另一個更高層次的型態，就跟打電動一樣，每進一關，問題就更難、更複雜，但能破

關，得分也更高。可是大家比較少用這角度看婚姻，只會想著「愛情是婚姻的墳墓」這種鬼魅般的思考。

晚婚跟社會安排也有關係。以前高中畢業就差不多入社會了，接著就可以考慮結婚。現在義務教育到12年，之後還要唸大學、研究所，入社會和之後的結婚就更晚了。

現在幾歲算成人？滿18歲就不適用於少年法庭，是大人了，可是大部分家長、老師，還是把求學階段的年輕人當作小孩，覺得他們經濟基礎不穩固、心智也還不夠成熟，沒有結婚的條件。

可是如果這個社會把年輕人當作是小孩子，他們就會表現出幼稚的行為；如果把他們當作大人看待，他們就比較會有責任感。而我們的學校、師長總是過度保護年輕人，這是不好的。

找工作、找愛人都是人生的重要功課。許多20世代的人（特別是他們的爸媽）都認為要先找工作才能開始找愛情。工作既然都難找，愛情就更不在話下。

可是那種以有工作為前提的關係是愛情嗎？

愛情不是找個人來「平等對待'共同奮鬥」嗎？

這樣找起工作來或是已經有了工作，不是人生更有意義嗎？

哪個先找到，都不要放棄。

哪個都沒找到，更要努力搜尋。

問題都是
答案

》 問題都是答案。

所以讓我們這樣說，

問題是世上萬千的石頭，

其中有怪奇也有平凡，

答案也是石頭，

如結晶，如明鑽，如玉髓或如瑪瑙，

等等都是生命質層中的藏寶。

你選什麼掛在胸前呢？

或是明證一種愛。

挑不如找，找不如遇，

遇不如知道什麼就是自己深深喜歡。

世界上還有充滿時間帶來的海邊彩色玻璃，

充滿記憶的磚頭瓷片，

旅行中異地的一塊石。

寶貴與否，都要看你為你自己撿了什麼珍藏。

你撿了什麼，什麼就是你的寶石，

其他只是石頭。

你選別人眼中賣得了錢的，

還是對自己意義非凡的呢？

或是，在撿選後，

從此洗琢摩擦，

讓你身邊手中的這塊石頭，

因你歲月中的珍藏而明曖皆光。

親愛的年輕人，

石頭充滿神奇……

它們含藏了我們一生一次的青春。

你們是石頭，

我愛你們。

卡住的
20世代

　　二十歲到三十歲之間的人們是一個奇妙的族群：我們既是被追捧的一群 —— 廣告跟偶像劇總是繞著這個年紀的角色打轉；但同時也是動不動就被臭罵的一群 —— 每隔一陣子就會看到哪個資深老總批評現在的年輕人吃不了苦、沒有定性，我們總感覺「草莓族」彷彿是主流社會無端給我們貼上的標籤。

　　為了了解為什麼台灣年輕人總被說成草莓族，我拿身邊前輩做過一些小小的調查。從上一代人的角度看，他們經歷了政局動盪、石油危機、亞洲金融風暴，情勢嚴峻但還是克服了困難找到生命的方向；我們這一代普遍擁有更好的物質環境、接受更高的教育，但卻有高比例的年輕人到了上一代的年紀還沒有達到他們的「成就」：還沒成家，還沒立業，很多人甚至落入窮忙一族，連維持自己的生活都很辛苦。

　　問題是，這些現象都不是台灣獨有的。世界的確對年輕人更嚴苛了：台灣有22K，歐美有無薪實習，日本有176萬找不到全職

工作的年輕人被稱為打工族；另外，已開發、開發中國家的初婚年齡從 1960 年以來平均拉高了 6 歲。看著這些數據會覺得全球的年輕人好像都在蹉跎，到了出社會的年紀卻賺不了錢，到了繁衍的年紀卻不結婚生子。難道全世界的年輕族群都比上一代要來得差嗎？

那些成功的上一代人沒有注意到的事情是，情勢的確變得更嚴峻了，而且麻煩的是，從表面可能看不出端倪。現在年輕一輩要面對的不再只是經濟上外在的困難，更有內在心理層面的掙扎。

我們上一代在思考他們要什麼之前，就已經開始行動。從前因為台灣物質環境沒有這麼優渥，人生的「選擇」大致上不會困擾大多數人；成績最好的學生大都進入醫科法律，工作存到錢就準備結婚；選什麼科系、找什麼工作，舊社會價值觀常常給出直截了當的答案。

到了我們的世代，全球化帶來豐富的訊息、多元的社會，提供我們更多的機會思考自己適合的方向。我們花更多時間參加社團、課外活動，試著了解自己的興趣特質，也有愈來愈多人不以傳統第一志願為目標。我們在獲得自由的同時，卻有高比例的人迷失在充滿選擇的大海，不知該往哪個方向去。該鑽研自己喜歡的學科還是投向有出路的科系？該在大公司累積經驗，創業出去闖，還是乾脆出國打工看世界？再享受一陣子精彩的單身生活，還是趕快建立家庭？除了不景氣帶來的經濟問題，對這些人生選

擇的茫然更容易把年輕人「卡住」而沮喪得動彈不得，對於現況不滿卻無力改變。

這本書目的就是幫助這些被「卡住」的年輕人。二十幾歲的十年是發生轉變與建立基礎的時間，作者以累積的輔導經驗歸納出她看見年輕人的迷思，用統計數據與心理學理論告訴讀者怎麼避開誤導與陷阱。她教我們怎樣把眼光放大拉遠，為了要有像樣的三十幾歲、四十幾歲，有些事情非得從二十幾歲就開始經營不可。裡面的案例可能會有你我身邊朋友甚至是自己的影子，但是希望從這些別人的故事裡，我們能得到的是如何面對未來的準備，而不是「如果早知道就好了」。

鹿橋的《人子》裡面有一則讓我印象深刻的故事：在漫山遍野準備綻放的小花當中，只有一株幸運的小花被賜予可以選擇自己花朵顏色的權力，最後卻無法下定決心要什麼顏色，還沒來得及綻放就枯萎了。

現在二十幾歲的人們正擁有最旺盛的生命能量，在這充滿各種機會又尊重自由意志的年代準備開花；為了要過著自己想要的人生，必須避開陷阱，找到目標，開出自己最燦爛的顏色。

作者的話

　　本書談的是我與二十幾歲年輕人的心理輔導經歷，裡頭除了記載我在維吉尼亞州沙洛斯維（Charlottesville）擔任臨床心理醫師，以及在維吉尼亞大學任臨床教授時碰到的實例，也包括先前我在加州柏克萊執業、並任教加州大學柏克萊分校時的諮商案例。書中我盡可能完整陳述這些輔導對象和學生在二十來歲經歷的點點滴滴 —— 有些經驗非常慘痛。

　　為了維護個人隱私，書中人物都改用假名，個人背景也做了更動。在大多數案例裡，我將多個經驗雷同、輔導主題或對談內容類似的案例，統整成一個全新的個案。我希望每位二十歲世代的讀者都能在本書案例中看到自己的影子，不過，若有雷同之處，純屬巧合。

目錄 | contents

腦部與身體大改造

關鍵的
十年

　　波士頓大學與密西根大學在一份罕見的人類發展研究裡 **❶**，
審視許多知名成功人士晚年所寫的回憶錄，意在歸納出這些人的
「個人重大經歷」，找出那些對他們日後人生產生重大影響的事件
與人物。雖然這些人從出生到死亡發生過無數的重要事件，但是
對日後人生影響最廣的事件，大多都發生在20~29歲之間。

　　聽起來好像很合理。因為二十幾歲適逢我們離鄉背井或剛從
大學畢業，開始獨立生活、開創屬於自己的人生；這段時間做的
事，決定了我們未來會成為怎樣的人。成年以後的人生甚至就像
是個人重大經歷的一長串延伸：隨著年紀漸長，我們愈能掌控自
己的人生。但事實並非如此！

　　30歲以後，「個人重大經歷」逐漸變少。此時我們即將或已
經離開學校，或開始在工作上投注更多時間，或決定不再投注。
我們或周遭朋友有的已經有穩定的感情，或是已經成家。我們或

許有了自己的房子，或是受制於種種責任的束縛、未來難以做任何變動。約莫80%的人生大事發生在35歲以前，所以說，30歲以上的人多半是延續二十幾歲時所做的決定，或只做微幅調整。

諷刺的是，二十幾歲時的我們可能感覺不出這段日子的重要性。多半人都以為，人生的重大經驗來自重大時刻以及可遇不可求的機運；事實沒那麼簡單，人生的重大經驗不是這樣來的。

前述研究指出，那些決定事業成不成功、家庭富不富有、個人幸不幸福等重大且影響深遠的事件 —— 短則幾天，長則持續數週、數月，在發生的當下幾乎毫無戲劇效果可言。這些經歷在當時很難看出重要性，不過當事人日後回想起來，便發現這些事件其實決定了他們的未來。大致來說，20~29歲的重大時刻決定了我們的人生，而且當它們發生時，我們不一定知道。

這本書就是教你認清那些二十來歲時的關鍵時刻。看完本書，你會了解20歲這十年為何如此重要，進而善用這段歲月。

❶ —— 出自W. R. Mackavey, J. E. Malley, A. J. Stewart所撰的文章"Remembering Autobiographically Consequential Experiences: Content Analysis of Psychologists' Accounts of Their Lives"，載於*Psychology and Aging*期刊第六期（1991）頁50-59。在這項研究裡，自傳式個人重大事件依發展階段區分，並非以十年做區隔。為了看出哪個十年涵蓋最多的重大經歷，我重新分析該份研究數據，查出各個發展階段裡每年平均發生多少重大事件。接著，我再根據這些平均數值，估算出每個年份的個別數值，再用十年為單位分段，而非採用發展階段的方式切割。

二十幾歲
不是過渡期

幾乎可以肯定的是，成長與發展都有所謂的關鍵時期。在成熟過程的某個特定時段，藉由適當的外在刺激，便會瞬間催化生長與發展。早於或晚於那段時期，這樣的情形幾乎很難、甚至不可能發生。

—— 諾姆・杭士基（Noam Chomsky），語言學家

　　凱特剛來我這裡諮商時，已經當了一年多的餐廳服務生；當時她和父母同住，親子之間經常口角。父親打電話來替她預約第一次的會面，父女倆都以為「父女關係」會是個需要優先處理的議題。但我所看到的最大問題，其實是凱特正在揮霍她二十幾歲的人生。從小在紐約市長大的她，目前住在維吉尼亞州，26歲了卻還沒有駕照，這不僅局限了就業機會，也讓她有種無法駕馭自己人生的感覺。況且，凱特來諮商時常遲到，這多少與沒駕照有關。

>>「我的20歲人生動彈不得」

凱特剛從大學畢業時，便打算趁二十幾歲這幾年好好闖盪一番，父母也極力鼓吹她這麼做。她的爸媽大學一畢業就結了婚，因為他們計畫一起去歐洲，即便這在1970年代初並不為雙方家庭所接受。他們到義大利度蜜月，回到美國時便懷孕了。凱特的父親找了一份與大學所學相關的會計工作，母親則全職在家帶大四個小孩，凱特是老么。

這幾年來，凱特一直試圖彌補父母當年錯過的二十幾歲人生；不過，雖然她認為自己應該把握人生，大多時候卻感到壓力與焦慮。她說：「我的20歲人生動彈不得，沒有人告訴我這段日子會這麼難熬。」

凱特成天幻想著自己可以在二十幾歲成就哪些事，藉以沖淡現實生活中的苦惱，而且似乎也打算在諮商過程中這麼做。她總是穿著很炫的鞋子和牛仔褲來會談，告訴我她週末發生的種種。會面時，她也總會用多媒體向我展示一些電子郵件和照片，喋喋不休談論著她的近況。幾次下來，我聽出了一些端倪：她自認為想從事募款相關工作，並希望在30歲以前找到自己真正想做的事。此外，當她表示「30歲等於全新的20歲」時，我心裡大致有個譜。

我非常看重二十幾歲的人生，不願眼睜睜看著凱特這些二十

來歲的人虛度。身為一名專攻成人發展的臨床心理醫師,我見過無數名對未來沒有目標的年輕人,白白浪費了多年光陰。更慘的是,許多人在二十幾歲時缺乏願景,到了三、四十歲必須付出慘痛代價,因而難過不已 —— 包括工作、感情、經濟、繁衍後代等各方面的代價。

我喜歡凱特,也想幫助她,因此我要求她準時參加會談。而且,每當她滔滔不絕談論最近的約會,我會打斷她的話,改問她取得駕照以及找工作的進度。最重要的是,我和凱特針對諮商過程本身以及她的20歲生涯規劃,進行了密切的討論。

凱特告訴我她心中的疑惑:究竟該用幾年的時間諮商,找出她和父親之間關係的癥結?還是乾脆把這筆錢和時間花在別處,買張「歐洲火車通行證」、透過旅行找尋自我?

兩者我都不贊同。我向凱特說,多數治療師認同蘇格拉底所說的「未經檢驗的人生並不值得活」;但我認為,另一句較少人引用的話更為貼切,那就是美國心理學家薛爾頓·柯普(Sheldon Kopp)所說的「未曾活過的人生並不值得檢驗」。

我告訴凱特,若我只是坐視她最關鍵的歲月一點一滴流逝卻什麼都不做,這是很不負責任的。我明知凱特的未來岌岌可危,還把焦點放在她的過去,這樣一點幫助也沒有。此外,一味談論她的週末近況,卻避談那些鬱悶的平日生活,實在說不過去。再說我真的覺得,除非凱特本身先有改變,否則她和父親之間的關

係不可能改善。

幾次會晤之後，某天凱特非常難過且激動的來到我的辦公室。坐在沙發上的她，一邊凝視著窗外，不安的移動雙腳，一邊描述上週日她和四個大學友人共進早午餐的經過。其中兩位來這裡開會，一位前陣子在希臘錄製博士論文所需的搖籃曲，才剛回國，另一位則帶著未婚夫亮相。

大家聊天時，凱特環顧四周，覺得自己不如她們。她也想和這些友人一樣，擁有一份工作、一個明確的目標或是一位男朋友；於是聚餐結束後，她立刻連上Graigslist分類廣告網找尋機會，並把週日剩下的時間全耗在上頭。不過，大多數的工作（和男人）看起來都不太有趣；即便看到少數有趣的，她卻開始懷疑自己得不到。當晚入睡前，凱特覺得自己彷彿遭人背叛。

在我辦公室裡，她表示：「我20歲的人生已經過了一半；然而，和她們坐在餐廳時，我卻發現自己沒有什麼成就可以展現。我沒有像樣的履歷表、沒有男朋友，我甚至不知道自己到底在這個城市做什麼。」她抽了張衛生紙開始啜泣。「原以為自己很清楚要走的路，其實還差得遠呢！一想到這裡，我真的覺得很受挫。要是我之前能夠更……該怎麼說呢？……更有**企圖心**就好了。」

對凱特來說，還不算太遲，不過的確得加快腳步。到諮商流程結束前，凱特已經搬進自己的公寓、拿到駕照、有個穩定交往的男友，並且在非營利組織從事募款的工作。就連她和父親的關

係也跟著改善。在最後幾次的會談裡，凱特感謝我幫助她回到正軌。她表示，她終於感受到「同步即時」過日子的真實感。

》飄盪的半成人族

二十幾歲的人生的確真實存在，而且就該用20歲的方式度過。然而，在鼓吹「30歲是全新20歲」的文化裡，我們認為二十幾歲的人生並不重要。佛洛依德曾說：「愛與工作，工作與愛……人生不外乎這兩件事。」而且，這兩件事成形的時間比起過去還來得晚。

以凱特的父母來說，在他們二十幾歲時，結婚生子的平均年齡為21歲。當時多數人的最高學歷是高中畢業，少數為大學畢業，年輕父母的重心會放在賺錢維持家計。由於單一收入通常就足以養家，所以只需男人外出工作，當時有三分之二的女性留在家裡當全職主婦。那些在職場上打拚的男男女女，幾乎一輩子都待在同個產業裡。而且，當年美國中等家庭的房價大約是1萬7千美元，離婚率與服用避孕藥的比例才正要開始飆升。

不過才差了一個世代，整個文化就出現劇變。方便簡易的節育計畫唾手可得，於是女人一波波湧進職場。到了新的千禧年前，30歲以前結婚的人大約只有一半，有小孩的人比例也相對降低，二十幾歲頓時成了新興的自由世代。我們開始聽到兩種聲

音：有人認為上大學太花錢了，沒那個必要，也有人覺得唸研究所變得更加重要；不論是前者或後者，都代表了一段「時光停止」的世代。

過去數百年來，二十幾歲的年輕人向來是從兒子女兒的角色直接變成丈夫與妻子。可是，不過短短幾十年，就衍生出一個新的發展階段。現在的二十幾歲年輕人一如凱特，每天醒來發現自己卡在某個時間點，介於與父母同住老家以及自置房產之間，實在不清楚自己該如何度過這段日子。

於是，二十幾歲的人生成了介於青少年與成人之間的尷尬時期。《經濟學人》於2001年間的某篇報導裡，提出了「單身女子經濟」（Bridget Jones Economy）一詞；2005年間，某期《時代雜誌》封面標題則寫著「半成人族」（Meet the Twixters）。兩篇文章都在傳達同樣的事實：20到29歲這十年變得無足輕重，他們的收入也相對變得可有可無。

到了2007年，20世代又被冠上「飄盪的年代」（odyssey years），意謂著流浪的世代。而且，處處可見媒體和研究報告替20世代取一些無厘頭的綽號，像是「大小孩」（kidult）、「小大人」（pre-adult）和「中青年」（adultescent）。

有人認為二十幾歲其實是青少年的延伸，有人則稱他們為「成人初顯世代」（emerging adulthood）❷。這種所謂的成年期時程轉變，將20世代降級為「未成年的成年人」（not-quite-adults），

因為他們還無法負起應付的重大責任。於是，像凱特這樣的20世代，就因為這種集體催眠與誤解而迷失，錯以為二十幾歲的人生無關緊要；但事實上，這是我們成年生涯裡最關鍵的十年。

然而，正當我們將二十幾歲人生排除在外的同時，卻又瘋狂地崇拜這個世代。二十幾歲的時光，從來沒有像現在這麼蔚為熱潮。尤其是流行文化，幾乎將整個焦點都放在20世代，為之痴迷，彷彿人人都是二十幾歲。

不論童星還是一般孩童，莫不裝扮成20歲的模樣；成熟的中年人以及「嬌妻實境秀」（Real Housewives）裡的演員，也都打扮或整型成29歲的樣貌。年紀輕的裝成熟，年紀大的扮粉嫩，原本涇渭分明的成年生涯於是整個瓦解，變成一段漫長且橫跨數十年的20世代。正因如此，「反老」（amortality）一詞應運而生，用來形容一個人從青少年到死亡之前，都以同樣的方式、相同的調性過人生。

這樣的訊息不僅矛盾，而且危險。我們一方面以為二十幾歲的人生毫不重要；但另一方面，由於這世代如此亮麗且令人崇拜，令人很難聯想這十年歲月會有其他更重要的事。於是，大多數人任意揮霍這段成年生涯中最重要的轉型期，渾然不知數十年後他們必須為此付出代價。

目前的大眾文化對待20世代的態度，有點像歷史的重現，和前人一樣有著不理性、瘋狂跟進的美式風格。二十一世紀20世代

的成長過程裡，歷經dotcom網路熱潮、崇尚超大尺寸、房市泡沫化以及華爾街的崛起。新興公司以為靠著花俏的網站就能創造需求、賺大錢，一般人忽略了超大份速食隱含的脂肪與熱量，坐擁房產的人指望房價不斷增值，財務主管預測市場會一直景氣。無論年輕或年老，所有的成年人普遍認為壞事絕不會發生在自己身上，然而這種心理學家所謂的「不切實際的樂觀」，毫無邏輯和理性基礎。在那個年代，大家紛紛喪失了理智。如今，20世代也可能受到操弄，成為另一個即將破滅的泡沫。

在我辦公室裡，我就曾見識到泡沫的破滅。

大蕭條以及隨後一連串的餘波，讓許多20世代的年輕人感到不知所措，甚至無法承受。現在的20世代雖然相對來說受到更高的教育，卻只有少數人在大學畢業後找到工作。

許多基本職務已外包到海外國家，20世代要想在國內謀得一職，變得難上加難。加上承包經濟盛行以及人口增加，失業率達數十年來的最高點。新興的無給薪實習職，成了多數社會新鮮人的第一份工作。二十來歲的人大約有四分之一失業，另外四分之一則是打工族。就算擁有全職工作，工資在扣除通貨膨脹因素後，比1970年代同世代的年輕人還要低。

如今在美國，到處都是短期職缺，鮮少有長期的工作職位。而且，工作機會來來去去，二十幾歲年輕人汰換工作的頻率相對很高，平均而言，換過好幾份工作的大有人在。有三分之一的人

每年都換工作，導致親友關係疏離，履歷上沒法累積資歷，自己也無法定下來。況且，大約每八人就有一人搬回家和父母同住，至少有部分原因是薪水太低，助學貸款債務高漲 —— 過去十年間，積欠4萬美元以上助學金的學生人數暴增了十倍。

看起來，每個人都希望自己還是二十幾歲，唯獨大多數20世代的年輕人不這麼想。

》史無前例的強烈不確定感

每一天，我都會碰到一些二十幾歲的輔導對象，對「20世代是人生黃金時期」的說法，他們覺得是天大的謊言。別人都以為替年輕人做心理諮商，可以聽到他們無憂無慮描述所經歷的冒險與災難，的確是有；然而每當關起門後，他們總會開始向我大吐苦水：

- 我覺得自己好像漂流在大海中。看起來我可以游向任何一個方向，但環顧四周都看不到陸地，我實在不知道該往哪裡游。
- 我覺得自己就是得不斷嘗試，試到成功為止。
- 我怎麼也沒想到，自己居然會每天在辦公室的廁所裡哭泣。
- 二十幾歲這些年，我學會以全新的角度看待時間：有一大

堆時間可以利用，但也有一大堆事必須發生。

- 我姊都35歲了，還是單身；我怕自己也會變得跟她一樣。
- 我巴不得趕緊過完二十幾歲。
- 我可不希望到了30歲還在這裡做諮商。
- 昨晚禱告時，我祈求生命中至少有一件事可以帶給我確定的感覺。

美國有5000萬人口正值20~29歲的世代，大多數都有著史無前例的強烈不確定感。他們多半不知道未來二年或十年後，自己可以做些什麼、會住在哪裡、會和哪些人交往。他們不知道何時能夠穩定，或是有能力付清帳單；他們不知道該做攝影師、律師、設計師還是銀行家；他們無法確知要多久才能找到真命天子（女），還得再約會幾次？或是要等上幾年？他們擔心自己成不了家，也擔心婚姻無法長久。簡言之，他們不知道自己會不會有美好的人生，也不知道要做些什麼。

不確定感使人焦慮，二十一世紀的現代人只好藉由其他事自我麻痺。像凱特這樣的20世代難免受到影響、甚至變相的鼓勵，於是他們選擇逃避、甘於當一名「半成人族」、閉上雙眼、期許好事降臨。2011年《紐約雜誌》一篇報導指出：「這些孩子其實沒什麼問題。」內容描述當今20世代即使身處二次大戰以來最惡劣的經濟環境，仍然樂觀以對。文章提到，有了免費的線上

音樂,「你根本不必花一毛錢去買唱片」。文章一再強調,有了Facebook、Twitter、Google以及免費app後,「你不用花大錢就可逃離現實生活」。

有句俗諺是這麼說的:「希望是很好的早餐,卻是糟糕的晚餐。」雖然心存期望對多數抑鬱的20世代來說是件好事,可以激勵他們起床面對新的一天;然而,到了一天結束之際,光靠著樂觀是不夠的。因為過完了這十年,大多數人要的不只是逃離現實或大量免費音樂。

我之所以這麼清楚,不只是因為我正在輔導20世代、時常聆聽他們辛苦奮鬥的經歷;主要是因為那些最早的「半成人族」、如今已經三、四十歲的客戶,他們後悔自己在20歲時沒有嘗試不一樣的事。我在他們身上見識到真正的心痛:當你發現到人生不會累積時的那種錐心之痛。

有人鼓吹,30歲就是新的20歲;但不管是否與退化有關,無論從工作與愛情、大腦與身體看,40歲絕對不是新的30歲。

許多20世代都以為,過了30歲人生就會很快上軌道,或許可能如此,但它依舊是不一樣的人生。我們以為,二十幾歲沒發生的事,到了30歲就有可能水到渠成。我們認為,現在不做決定,以後再做的話會有更多選擇;然而,不做選擇本身就是一種選擇。

當大部分事情都留到30歲以後再開始進行:結婚、選擇定居城市、賺錢、買房子、享受人生、唸研究所、創業、升官加薪、

儲備小孩的教育基金與自己的退休金、在幾年內趕緊生出兩、三個小孩，那麼30歲的壓力會非常大！何況，這些事大部分是互相衝突的，而且開始有研究指出，要在30歲這十年全部達成更是困難。

人生並非在30歲結束，但過了30，的確會有明顯不一樣的感受。二十幾歲享受隨性換工作的自由，但到了30歲，如此零亂的履歷不僅難堪而且不值得雇主信任。有了第一次的美好約會後，不會像以前滿腦子有著「真命天子（女）」的浪漫遐想，取而代之的是「我們多快可以結婚」、「孩子何時會出生」的計算式。

當然，許多30世代結了婚生了子，並可能在第一個孩子出生時出現人生新的目標與意義。不過，有人可能到了30歲卻有著深沉且心痛的悔恨：知道自己難以提供孩子所需要的；生不出孩子或因維持家庭而心力交瘁；體認到孩子上大學時自己已屆60歲，等孩子結婚時自己可能70歲了；清楚知道自己可能無法活著見到孫子出生。

許多父母像凱特的爸媽一樣，處心積慮不讓孩子經驗到自己碰過的中年危機 —— 當年太早定下來的悔恨；然而，這些父母並不知道，另一種全新的中年危機正等著他們的孩子。千禧年後的新中年危機之所以出現，是因為我們忙著體驗生活，不願錯過任何事，反而令自己錯失一些極為重要的事物。到了中年才發現，延遲做某些事結果並不一定比較好。我見過太多聰明、個性好的

三、四十歲中年人，或多或少後悔太晚才開始自己的人生。當他們坐在我的辦公室裡，對著自己和我回顧二十幾歲生涯時，不禁會問：「我當時在**做什麼**呀？到底在**想些什麼**？」

≫ 成年生涯的關鍵時期

我強烈建議二十幾歲的年輕人收復屬於他們的世代，當個真正的成年人，開創自己的未來。這本書會告訴他們為什麼非這麼做不可，也會教他們方法。

在本書裡，我希望能夠說服大家：30 歲並不是新的 20 歲。畢竟經濟環境和時代背景的不同，導致現代人的工作與愛情發生得比以前晚，相對地我們已經比前人更晚定下來了，所以我才會主張「30 歲並不是新的 20 歲」。基於此一論點，20 世代才不會變成無關緊要的停工期，而是發展過程中一個愉悅的時間點，一旦錯過就不會再出現。

幾乎在所有的發展過程裡，都有所謂的「關鍵時期」[3]；在這段時期內，我們已準備妥當要成長或改變，只需暴露在適當的環境下，就能產生驚人的轉變。像小孩在 5 歲前聽到的各種語言，都能輕而易舉學會；又如我們在三至八個月大期間，會發展出雙眼視覺。這些關鍵時期就是機會的窗口，此時的學習尤其快速。一旦錯過，學起來就沒那麼容易了。

20世代，正是成年生涯的關鍵時期。

這十年，是我們最容易開始自己理想人生的關鍵期。不論我們做了什麼，20到29歲就是個轉捩點，一個大重整的機會；這段期間經歷的所有事，將大大影響我們未來的成年生活。

在〈工作〉、〈愛情〉、〈腦部與身體〉各篇裡，我將分別描述20世代裡三種獨立但密不可分的關鍵時期。以〈工作篇〉來說，我們會發現20世代的工作在專業與經濟領域占有極重要的角色——雖然表面看起來並非如此。至於〈愛情篇〉，裡頭提到20世代在選擇戀愛對象時遠比選擇工作更重要。最後，在〈腦部與身體〉這一篇裡，談到20世代的大腦依舊在成長，賦予我們絕佳機會改造自己，形塑出我們未來的模樣。

記者很愛下這種新聞標題：「20世代是怎樣的世代？」或是「他們為什麼就是長不大？」然而，20世代並不難懂。我們都知道二十幾歲是怎麼一回事，全世界各地的20世代也有權知道。

接下來的篇章裡，我除了分享輔導個案與學生的個人故事，還會穿插最新的成人發展研究報告。我會提出心理學家、社會學家、神經專科醫師、經濟學家、人事主管以及生育專家的佐證，證實20世代有著獨特的魔力，以及20世代對人生的重要影響。同時，針對媒體誤導大眾對20世代產生的某些迷思，我會一一提出質疑，讓大家了解這些常見說法往往是錯誤的。

此外，我們會發現，那些不熟稔的點頭之交，反而比親密友

人更能徹底改變我們的人生。投入職場會帶給我們更好、而非更糟的感覺。同居不是測試感情的最佳方式。我們會知道，人的個性到二十幾歲時會有很大的轉變，比其他任何時期更巨大。我們不僅有權挑選朋友，也能挑選家人。我們會體認，信心的建立不是由內而外，而是由外而內。講述自己故事的方式，將決定我們約會的對象以及獲得的工作。

在凱特父母還是二十幾歲的那個年代裡，他們還沒想通自己是誰，就先出發經驗人生。在大腦發展完全之前，他們便已做出人生重大決定。如今，二十一世紀的20世代有機會規劃自己想要的人生，讓工作、愛情還是大腦與身體各方面，都能協調兼顧。可是，這樣的人生不會因為時候到了或是保持樂觀就自動到來。我們必須刻意經營，加上一些有用的資訊，否則可能錯失這樣的人生。

我的一位同事喜歡把20世代比喻成飛機：一架從紐約市飛往西岸的飛機。剛起飛時只要一丁點的航道修正，就能決定是要降落在聖地牙哥還是西雅圖。然而，若等飛機快到聖地牙哥時才讓它改飛西北邊的西雅圖，則必須多繞一大圈才到得了。

同樣地，二十幾歲時，一丁點的異動就可以大幅改變我們30歲以後所在的位置。雖說二十歲的世代形同在高空中飛行，隨時有亂流；但只要懂得航行技巧，就算一次改變一點點，我們還是可以比其他人生階段更前進一些、更快一點。何況這十年的時間

非常關鍵，此時我們所做以及沒做的事，都會對未來幾年、甚至幾十年造成深遠的影響。

事不宜遲！現在就讓我們一起出發吧！

❷ —— 研究學者 Jeffrey Jensen Arnett 創造了「成人初顯期」一詞，用來指 18 至 25 歲的年輕人。Arnett 針對這個年紀的族群做過許多出色的研究，有一些收錄在本書中。不過，雖然我參考 Arnett 的研究，但並不局限在他所謂的「成人初顯期」，因為我探討的是整個 20 世代。況且我認為，對 20 世代說他們不算成人也無濟於事。

❸ ——「敏感時期」（sensitive period）才是正確的術語。「關鍵時期」（critical period）實際上是指某一段時間，在那段期間若是沒有東西發展出來，日後便沒有發展的可能性。所謂「敏感時期」，是指那段期間內某些東西非常容易就能發展出來。我之所以採用關鍵時期，因為它比較耳熟能詳，而且在本章一開始的引用文字裡，杭士基也是採用這個辭彙 —— 雖然他也常分不清敏感時期與關鍵時期兩者的差異。

工作觀大改造

Work

自己是
最好的資產

人不會自動變成大人，大人是做出來的。

—— 凱・海莫維茲（Kay Hymowitz），社會評論家

我們的出生並非一次完成，而是一點一點生出來的。

—— 瑪麗・安廷（Mary Antin），作家

　　海倫會來諮商，是因為她面臨「身分認同危機」。她先前辭去保母工作參加瑜伽靜修，後來又回去當保母，等待她所謂的「靈光乍現第六感」提引她下一步。海倫總是穿著運動服，一副要上健身房的模樣，即使沒打算去也做這樣裝扮。有一陣子，她隨性的生活型態讓那些直接踏進「現實世界」或研究所的朋友羨慕不已。她很自由，想去哪就去哪，享受了一段好日子。

　　然而，沒過多久，海倫內心追求自我的歷程卻變成一種折

磨。27歲的她開始覺得，從前那票羨慕她冒險經歷的朋友現在反過來可憐她了。當他們不斷進步之際，她卻只是推著別人小孩的娃娃車在鎮上閒晃。

唸大學時，海倫的父母就替她訂出非常明確的目標：進姊妹會、唸醫學院預科。不過，海倫一直想專攻藝術，因為她有攝影的天分；更何況她不是混姊妹會的料。此外，打從第一學期起，海倫就痛恨醫學院預科課程，功課相對很差。她羨慕朋友們可以閱讀有趣的教材，並盡可能把握課餘時間參加藝術課程。兩年來，海倫一面利用課餘選修所愛的課程，一面硬撐修完生物學學分之後，終於順利轉系改唸藝術。父母的反應則是：「你學**那個**能當飯吃嗎？」

大學畢業後，海倫嘗試當一名自由攝影師。但是當接案量來源不夠穩定，連手機帳單都付不出來時，這才發現藝術家的生活並不如她想像的美好。沒有醫學院預科學位、沒有亮麗的大學成績單、又當不成專業攝影師，海倫實在不知道下一步該怎麼走。她想繼續從事攝影，但不確定該怎麼做。於是，她開始當保母，只是這份非正式工作一做就是好幾年，父母還說：「我們早就告訴過你了。」

如今，海倫希望藉由一個好的靜修課程、療程裡的某段對話或是朋友的閒聊，明明白白揭露出她的真實自我。她表示，這樣一來，她就可以開始自己的人生。我對她說，關於這點我不是很

確定，但可以確定的是：紙上談兵不採取行動，通常對20世代有不利的影響。

海倫表示：「但這不就是我現在應該處理的嗎？」

我問她：「該處理什麼呢？」

她回說：「我的身分認同危機呀！」

我接著問：「誰說的？」

「我不知道，大家都這樣說！書上也這麼說！」

「我覺得你誤解了身分認同危機的意思，也不知道要怎麼解除危機。對了，你聽過艾瑞克‧艾瑞克森嗎？」

≫ 艾瑞克森的故事

艾瑞克‧所羅門遜（Erik Salomonsen）是名金髮德國男孩，母親是黑髮，但父不詳。艾瑞克3歲生日時，母親帶著他嫁給當地一名小兒科醫師；該名醫師收養他後將他改名為艾瑞克‧洪伯格（Erik Homburger），並以猶太傳統撫養他。在猶太寺裡，艾瑞克因為一頭金髮而遭人取笑；但在學校裡，他又被當成猶太人欺負。因此，艾瑞克常有身分混淆的困擾。

高中畢業後，艾瑞克想當藝術家。他遊歷歐洲各地並修習藝術課程，有時得露宿橋下。25歲時，他回到德國擔任美術教師，不但接受蒙特梭利師資培訓，還結婚成了家。由於他的學生多半

是知名精神分析學家的子女，艾瑞克因此有機會讓佛洛依德的女兒安娜做精神分析，隨後他自己也拿到精神分析學位。

30歲時，艾瑞克舉家搬往美國，在那裡成為知名的精神分析學家和發展心理學家。他在哈佛、耶魯、柏克萊等大學任教，出版過許多著作，並曾榮獲普立茲獎。因為自己父不詳而心裡有疙瘩，又因為是靠自己努力成功的，於是艾瑞克將自己的姓名改成艾瑞克・艾瑞克森（Erik Erikson），意味著「艾瑞克，他自己的兒子（son）」。1950年，艾瑞克・艾瑞克森創出「身分認同危機」一詞，從此聲名大噪。

雖說艾瑞克森是二十世紀的產物，他的人生卻像極了二十一世紀的人：在混合家庭裡長大，有文化認同的困擾，從青少年到二十幾歲都在找尋自我。在那個成人角色就如同電視微波晚餐千篇一律的年代裡，艾瑞克森的經驗讓他以為每個人都有身分認同的危機，或起碼應該有。

他認為追尋真實自我的歷程倉促不得，並主張賦予年輕人一段空檔，得以安心探索自我，不必擔心風險或責任。有人認為，這段空檔指的是大學；有人則像艾瑞克森，利用這段時間一個人出走流浪或旅行。無論是哪一種，他強調一定要自己獨立完成。總之，艾瑞克森認為每個人都該開創自己的人生。

我和海倫談到艾瑞克森如何克服身分認同危機，最後榮獲普立茲獎。沒錯，他四處旅行並曾在橋下過夜，但這只是故事的

一半。他還做過其他哪些事呢？25歲時，他教授美術並修教育學程。26歲，他開始接受精神分析訓練，認識了一些富影響力的人。不到30歲，他便取得精神分析學位，開始執業、教書、做分析、寫書並專研理論。艾瑞克森年輕時的確有過身分認同的危機，但同一時間他也在累積社會學家所謂的「身分統合資本」（Identity Capital）。

≫ 累積個人資本打造身分

身分統合資本指的是我們個人資產的總和，這是隨著年齡增長而累積的個人技能資源。這些是我們對自身的投資，等做得上手、時間夠長之後，它們便成為我們的一部分。有些身分統合資本會以履歷的形式呈現，像是學歷、工作經驗、測驗成績、參加的社團等；有些則比較個人化，譬如我們講話的方式、出身、解決問題的技巧，以及我們的外貌。隨著時間推進，身分統合資本一點一滴打造出我們現在的身分。最重要的是，身分統合資本是我們進入成年人職場的必要裝備，它們就像貨幣，我們可用以買到職位、感情生活等想要的東西。

許多20世代的人和海倫有著相同的迷思，認為現在得先處理危機，資本可以等日後再累積。但事實上，危機和資本可以──而且應該──同時處理，艾瑞克森就是最好的例子。研究指出，

那些擁有資本卻沒有危機的人，亦即只有工作而沒有探索經驗的人，顯得呆板且八股。不過，危機高於資本也是一大問題。身分認同危機的概念在美國流行之初，艾瑞克森就曾因為當時有太多年輕人「陷入疏離的風險」，而憂心忡忡的呼籲大家避免在「未受約束的困惑」（disengaged confusion）上耗費太多時間。

那些願意花時間闖盪**同時也**真心承諾要培養更強大的身分認同的20世代，不但有更高的自信心、更大的毅力，也比較腳踏實地。在尋求身分認同的歷程上，通常會帶來許多正向的結果，像是：更了解自己、有更高的生活滿意度、更好的壓力管理、更理性、不隨波逐流；而這些全是海倫想要的。

我鼓勵海倫設法取得一些個人資本，並建議她開始找尋足以放進履歷表的像樣工作。

但她不太願意，「我想把握機會玩樂，在面對現實人生之前好好享受自由。」

「這樣哪裡好玩？你來找我，不就是因為你過得很痛苦嗎？」

「但我很**自由**呀！」

「這算哪門子的自由？白天當周遭親友幾乎都在工作時，你的確有很多的自由時間。可是你口袋空空，就算時間再多你也做不了什麼事呀！」

海倫一臉狐疑，一副我在逼她離開瑜伽墊、硬要塞個公事包給她的表情。她問：「你是不是大學一畢業就直接進研究所呀？」

「我不是。事實上，搞不好是因為我大學畢業後所做的事，才讓我申請到更好的研究所。」

海倫摸不著頭緒的皺起眉頭。

我想了一下，然後對她說：「你想不想知道我大學畢業後做了什麼？」

海倫已準備好洗耳恭聽。

》「你還在等什麼？」

我大學畢業的那一天，就馬上投入「極限挑戰營」（Outward Bound）的工作，當時獲派的第一份工作是當後勤支援組的成員。我住在青嶺山的基地營，開著貨車穿梭在偏遠鄉間，到處送燕麥捲等補給品給負重健行、又髒又累的學員。關於那段日子，我有很棒的回憶：開著十五人座的貨車，行走在崎嶇不平的泥濘路上，沿路聽著震天價響的收音機音樂。我通常是這群人多日或數週以來唯一碰見的外人，他們每次看到我都很開心，因為我的存在讓他們意識到外面世界仍然在正常運轉。

後來挑戰營開出輔導員職缺時，我立刻提出申請，從此我的足跡踏遍北卡羅萊納、緬因及科羅拉多州。我帶的隊員有打過仗的退役軍人，也有華爾街的CEO。有一回，我和一票中學女生在3公尺長的無頂帆船上，在波士頓港共度了一段漫長且炎熱的夏日。

我最愛的行程是蘇萬尼河的28天獨木舟探險，即便帶過十幾次，我仍樂此不疲。全長563公里的行程裡，我們從上游的黑水出發，行經喬治亞州的歐克佛諾基沼澤地——位於河水曲流處、四周長滿柏樹，再穿過佛羅里達州北部，最後抵達墨西哥灣的沙質海岸。參加這些獨木舟行程的學員都是年輕的受刑人，一群被戲稱為「綠林好漢」（hoods in the woods）的年輕人。他們不是來自城市鬧區就是出身偏遠鄉下，曾犯下重大竊盜案、人身傷害或販毒等罪行（除了謀殺）。在河上與我泛舟的行程，屬於他們刑期的一部分。

這樣的工作出奇的有意義，甚至更加有趣。我從這群成天進出拘留所的孩子那裡，學會玩超炫的「黑桃王」遊戲。而且，每晚等他們鑽進睡袋躺平時，我會坐在帳篷外大聲唸《金銀島》之類的長篇小說哄他們入睡。大部分時候，他們在我眼裡跟一般孩子沒兩樣；在河上航行時，完全看不出來他們有什麼問題。然而，現實世界依舊佇立在那兒；某一回在蘇萬尼河划行獨木舟時，我受託必須轉告一位15歲大、生過兩個孩子的受刑少女：她的親生母親最近因愛滋病過世了。當時的我也不過24歲。

原本我以為「極限挑戰營」的工作頂多做個一、兩年，誰知轉眼之間竟然做了將近四年。有一次我利用行程空檔回到母校拜訪一位大學部的老師，我記得她是這麼說的：「考不考慮唸研究所呢？」這句話一下子把我拉回現實世界。我真的很想唸研究所，

也開始過膩「極限挑戰營」的生活。這位良師表示，若是我想離開，就必須當機立斷。她問我：「你還在等什麼？」彷彿我一直在等這句話，而我也真的照做了。

每一所臨床心理學研究所的面試場合，幾乎都可看到一堆甫出校門、光鮮亮眼的大學畢業生，穿著不合身的套裝，手拿全新的真皮公事包，我自己也是。由於我過去幾年都待在山林裡，不禁覺得自己與外界嚴重脫節，只好在公事包裡塞一些面試委員所寫的學術文章充數，並打算在面試時聊到他們的臨床實驗，假裝自己對那些從未做過的研究有高度興趣。

不過，沒有人想談這些。

每場面試幾乎如出一轍：面試委員瞄了一眼我的履歷表，接著興奮的要我「談一談極限挑戰營！」有的委員一看到我就馬上說：「原來你就是那個極限挑戰營女孩呀！」接下來有好幾年、甚至在我面試實習住院醫師的期間，都必須花一堆時間回答極限挑戰營的相關問題，譬如：孩子在野外會發生哪些事？在鱷魚出沒的河裡游泳是否安全？直到我在柏克萊拿到博士學位後，才終於有人開始注意到我還有其他特色。

我跟海倫分享了一些自己的故事，並告訴她二十幾歲這些年衍生出的經濟效益，和大學學位不同。有些人求學路程十分順遂，不是美國大學優等生之榮譽學會會員，就是擁有常春藤名校的學位。但大多時候，我們的身分和事業並非由大學學位或GPA

成績決定，而是取決於我們在外頭累積了哪些身分統合資本。只不過，令我擔憂的是，海倫沒有任何資本。

如果海倫面試下一份工作，不會有人要她「談一談保母的工作吧！」這點讓我很傷腦筋。海倫再不趕緊取得一些資本，我可以預見她會過著不快樂的日子，一輩子做著低就的工作。

於是，我敦促海倫找份正式一點的工作。不久之後的會談裡，她說已經找到咖啡店的工作，過幾天就要開始上班。她還提到某間數位動畫工作室開出臨時雇員的職缺，但她不太想去面試。她認為在咖啡店工作看起來「很酷而且不是坐辦公桌的」；再說，她擔心動畫工作室的職位搞不好只是「跑跑銀行」或「成天在送公文」。

坐在那裡聽海倫談她的咖啡店工作時，我的下巴差點沒掉下來。我之前聽過太多類似的情形，照之前某位客戶的說法，海倫現在正處於「星巴克階段」。就我對20世代低就現況以及身分統合資本的了解，我認為海倫做了不當的抉擇。

≫ 打工不能為履歷加分

人在二十幾歲時，難免會有一、兩次碰上低就的工作，就像我也開過貨車呀！有人找到工作條件遠低於本身實力的工作，有人就只是當做兼差。這種工作有些是不錯的短期替代品，像我們

在準備GMAT考試或半工半讀唸研究所時，這些收入足以讓我們支付帳單。這類工作有時候可以帶來無以倫比的資本，就像極限挑戰營一樣。

不過，大多數低就的工作對未來並沒有多大用處。有時，我們選擇這樣的工作，只是假裝自己沒有真的在工作，像操作滑雪纜車，或是像我某位執行長朋友所說的「永遠的跑龍套」，就屬於這一種。這類工作或許很有趣，但在未來雇主的眼中，代表的是一段迷失期。大學畢業後若是從事太多零散無意義的工作，或是一直窩在咖啡店打工，只會給人退縮不前的印象。反而對我們的履歷表、甚至人生造成不良後果。

況且，我們愈晚踏進職場，愈容易變得如媒體所說的「格格不入」與「破損不全」。研究指出，20世代若從事低就的工作，就算只有九個月也足以令他們比同世代的其他人 —— **甚至比失業的同世代** —— 更消沉也更提不起勁。不過，可別以為那就乾脆選擇失業算了；要知道，二十幾歲就失業的人，**即使日後有了穩定工作**，到了中年大多有酗酒與憂鬱的問題。

事實的確如此，我見過許多聰明風趣的20世代，不願在現實世界裡從事踏實的工作，多年來甘心屈就於無法一展長才的工作。時間一久，他們不再有餘力、也不想敞開心胸去找一份可以讓自己真心快樂的工作。漸漸的，他們離當初的夢想愈來愈遠；在旁人眼中，他們也不過只是掛著名牌的小人物而已。

經濟學家與社會學家一致認為，二十幾歲的工作對我們未來的事業影響甚巨。每個人一生中的工資成長，有三分之二發生在工作的頭十年。之後，家庭與房貸的負擔阻礙了繼續進修取得更高學位以及調派其他國家的機會，於是薪水的調幅逐漸變小。對二十幾歲的年輕人而言，感覺上未來幾十年會愈賺愈多，但根據美國人口普查局的最新資料顯示，一般人的薪水高峰期是落在40歲。

許多20世代耽溺於玩樂，不把失業或低就當回事，錯失了自我提升的機會。即使後來的就業都很順利，但延遲出發的人依舊不可能追上那些提前上路者。難怪許多人到了三、四十歲，還必須為二十幾歲胡亂打零工的行為付出意想不到的代價。人在中年，才終於了解自己在二十幾歲不能不做選擇，這樣的悔恨，往往讓酗酒和憂鬱症在後中年時期找上他們。

以目前的經濟情況看，很少有人30歲前沒做過一些低就的工作。究竟二十幾歲的人該怎麼因應這樣的問題呢？所幸，並非所有低就的職位都一樣；有些職務就能帶來很高的身分統合資本，20世代一定要去試試。

》人生的道路是「做」出來的

聽海倫講完後，我對她說，在咖啡店工作的確有些好處，像

同事都很好相處、購買飲料有打折之類的，而且，薪水可能比臨時工還高。可是，它毫無資本可言。海倫現在最需要的是身分統合資本，從這個角度看，動畫工作室的職位明顯勝出。於是我鼓勵海倫去面試，叫她不要在意這份臨時工可能只是跑跑銀行，反而換個角度，把它想成是在投資夢想，透過這份工作認識到數位藝術世界，並與這個產業連結之後，便能累積一些無形的資本。

她開始猶豫：「或許我應該再等看看有沒有更好的機會。」

我則答覆：「更好的機會不會憑空出現，你要靠著一個好資本，**才可能**得到更好的機會。」

接下來的幾次會談，我都和海倫一起做面試前的準備。不太稱頭的醫學院預科成績，加上不被父母認同的藝術學位，讓她擔心自己不夠專業。不過我得說，海倫是我遇過長相最甜美的客戶之一。縱使大學成績不是頂好，但她擁有無法列在履歷表上的身分統合資本：社交手腕佳、反應快、善於理性溝通、工作又賣力。我敢保證，只要海倫參加面試，她的個人特質一定會大大加分。

面試時，海倫和人事經理閒聊到醫學院預科以及自由攝影師的工作，經理表示他太太也是在海倫學校拿到藝術學位的。兩星期後，海倫開始到動畫公司上班。六個月後，她從臨時雇員變成「坐辦公桌」的正職員工。隨後，某位電影導演到海倫辦公室待了幾個星期，專程來評估她適不適合當電影攝影助理。結果，她隨

著導演到了洛杉磯，現在定居那裡拍電影。

以下是她描述自己二十幾歲的歷程，以及那些幫助她成功的身分統合資本：

雖然我好像不該對還在大學就讀的人說這件事，但說實在的，從我畢業之後就沒人問過我的GPA成績，我以前還覺得它很重要。除非你要申請研究所，不然沒有人在乎成績，畢業後你就知道了。而且，就算你唸錯科系也沒人在乎。

回想當初父母問我：「你唸藝術以後能做什麼？」我現在已經完全不介意了。我認識的人當中，沒人知道畢業時自己想做什麼，他們現在做的工作以前在大學時代從來沒聽過。我有位朋友是海洋生物學家，在水族館工作；另一位朋友則在研究所唸流行病學；我自己則從事電影攝影。我們當初畢業時，完全不知道有這些工作存在。

所以我現在才後悔，早知道大學剛畢業那幾年積極一點，強迫自己嘗試不同類型、跨領域的職位，趁30歲以前在職場上多多闖盪磨練。當時我不知如何是好，內心承受很大的壓力，能想到的都很負面、也毫無效益。我學到一個教訓：人生的道路不是「想」出來的，而是「做」出來的。

每當聽到海倫的消息時，我不禁會想，假如當時選擇咖啡

店的工作，現在她的人生不知道會變得怎樣？低就的工作即使有趣、無憂無慮，但很快就可能變成一段沮喪且疏離的經歷。而且，這類工作搞不好會做得比我們原先預期的更久。但同一時間，其他的20世代卻選了不一樣的工作，譬如數位動畫的工作。

當然，她不可能一輩子都窩在咖啡店。不過，她也不可能在那裡被導演發掘。畢竟導演在買咖啡時，只會把她當成普通店員，而不是有潛力的電影工作者。不同的選擇引領我們走向不同的道路，五年或十年過後，咖啡店的海倫和動畫公司的海倫絕對是天差地別，而且是令人心酸的差異。在利用既有資本、持續取得更多所需資本後，海倫的人生得以向前邁進；至於她和人事經理夫人是校友的這層關係，有總比沒有好呀！

善用關係對找工作幾乎是百利而無一害。

把路人
變成貴人

那些只在親密交友圈內活動的人可能永遠不會知道，影響他們生活最大的並非圈內發生的事，而是那些他們想像不到的無形力量。

—— 羅絲·寇瑟（Rose Coser），社會學家

「是」這個字可以讓你獲得第一份工作、下一份工作、另一半、甚至你的小孩。就算情況有些棘手，就算必須踏出舒適地帶，只要肯說「是」，你就能得到新工作、認識新的朋友、進而改變。

—— 艾瑞克·施密特（Eric Schmidt），Google 執行董事長

　　幾年前的某個夏天，我收到某家紐約市大型出版社寄來的大箱子，收件人寫著我的名字。

　　當時我已報名兩門秋季課程，以為寄來的是訂購的教科書。不過箱子裡並沒有什麼教科書，只有一百本各式各樣的平裝書：

小說、散文、論文還有通俗文學。裡頭附了一張出貨單，上頭寫著某位編輯的名字。我把這箱書擺在餐桌上，每位來訪的友人看到後都會問我：「你哪來的時間看這麼多書？」「你瘋了嗎？」我據實以告：「它就莫名奇妙寄到我家來呀！」但沒人相信。

過了一陣子，我打算做些處置，於是照著出貨單上的資料寫電子郵件給那位編輯，告訴她我收到她寄來的一箱書。她這才發現書寄錯了對象，卻請我把書留下來盡情閱讀。謝過她之後，我又寫了幾封電子郵件給她，請教她該選擇哪些教科書。幾個月後，她問我有沒有興趣替她負責的某本書寫推薦序，我一口答應。至於那一大箱書，仍舊原封不動放在我餐桌上。所以我利用朋友來家中烤肉聚會時，順便挑幾本喜歡的帶走，整件事就這樣完滿落幕了。

收到那箱書大約一年後，我開始想寫書。由於我診所的客戶以及授課學生以二十幾歲的年輕人居多，他們是一群渴望並需要他人協助改善人生的世代，所以我打算寫一本與20世代相關的書給全世界二十幾歲的年輕人看，將我在教學、研究及臨床諮商上累積的相關認知，全部整合在一本書裡。

我向某位不熟的同事借了一份出版提議書範本，並利用下班時間做準備。出版提議書完成後，我請那位不小心寄書給我的編輯幫我看看並給些想法。她看完之後馬上替我聯繫到有興趣的編輯，沒多久，這本書就找到了出版社。

我從來沒有和這位編輯見過面，也從未見過我的出版商；至於那位借我出版提議書範本的同事，我們也只見過一次面。這些人沒理由給我特殊待遇，畢竟在商言商，他們可以不管我。這本書之所以會出版，就和成年後的大多數事情一樣，憑藉的是所謂的「弱連結」（weak ties）力量。

弱連結創新機

現代人普遍高估了「城市族群」（urban tribe）的力量。在過去十年左右，愈來愈多人談到城市族群，加上「多重組合家庭」（makeshift family）愈來愈常見，20世代也連帶跟著提早獨立。情境劇和電影都推崇城市族群的優點、強調朋友圈的好處；像是感恩節沒法和家人慶祝時，我們還是可以和朋友窩在某人的住處，吃著店裡買來的南瓜派，一起歡度節慶。

毋庸置疑，對大多數20世代來說，朋友不僅是最大的支柱，也是共享歡笑的夥伴。二十幾歲年輕人的城市族群，多半是大學時代的死黨，到了週末會相約見面歡聚。這些朋友會載我們去機場，也會和我們一邊吃著披薩、喝著啤酒，一邊抱怨著爛約會或是陪同剛分手的友人療傷。

正因為城市族群好處多多，二十幾歲的年輕人多半只願意和志趣相投的朋友在一塊，封閉在小圈圈裡，有些人甚至只和同

一、兩位好友連絡。然而，城市族群雖然可以幫我們存活下來，卻無法助我們飛黃騰達。城市族群會在我們生病時送來熱湯，但是能夠給予我們人生快速且戲劇性改變的，往往是那些我們一點也不熟、那些永遠不可能成為麻吉的人。

　　早在臉書開始流行前二十五年左右，社會學家暨史丹福大學教授馬克·格拉諾維特（Mark Granovetter）便已針對社交網絡（social network）做了研究，為該領域最早、也是最知名的研究之一。格拉諾維特想知道社交網絡如何促進社會流動（social mobility），同時探索人際關係如何為我們帶來新的機會。他以波士頓郊區剛換工作的勞工為研究對象，發現這些人會找到新差事，並非靠著好友或家人的幫忙——照理說他們應該投注很大心力。研究指出，超過四分之三的研究對象，是透過那些偶爾見面或完全不熟的朋友的幫忙，才找到新工作。根據此項發現，格拉諾維特寫出破天荒的論文〈弱連結的力量〉，描述不熟稔的人際關係裡富含的獨特價值。

　　據格拉諾維特的說法，並非所有的關係或連結都是相等的。有些很弱，有些則很強，而連結的力量會隨著時間和經驗逐漸增強。我們與某人相處的時間愈長，連結也就愈強，因為我們之間共享許多的經驗與祕密。在孩提時期，強連結指的是家人與要好的朋友。到了二十幾歲，強連結向外延伸，包括城市族群、室

友、伴侶以及其他密友。

弱連結則指那些我們見過面、或偶爾會聯繫但還不太熟的人。他們可能是某個鮮少交談的同事或是見面只會打招呼的鄰居。我們周遭多少有一些想和他們深入交往卻遲遲沒約出來的人，或是多年沒碰面的舊時好友。弱連結也可能是我們前任雇主、大學教授或某個認識卻沒有進一步發展成密友的人。

然而，為什麼有些人可以進一步發展，有的人卻不行？有上百個社會學研究（也是數千年來的西方思維）一致指出「同性相吸」的原理。我們會「物以類聚」，正因為彼此相像，因為我們喜歡和相似的人在一起。無論在學校操場還是董事會議室，人們自然而然就會與同類型的人形成小圈圈。因此，強連結處處可見，像城市族群、甚至是線上社交網絡之類都是典型的封閉排外群體——唯我族獨尊。

另一名社會學家羅絲‧寇瑟則提出「強連結的弱點」，指出親密友人如何阻礙我們前進。在強連結裡，我們感到安心且熟悉；然而，強連結除了支持，恐怕沒有什麼其他東西可以給我們。再者，同一個強連結圈的人通常都很相像，甚至連身陷的困境都十分相似。所以，他們除了陪著你同病相憐，能給的幫助很少。何況他們對工作或感情生活的了解不會比我們多到哪裡去。

相較之下，弱連結的人和自己有極大的差異或住得很遠，不可能結為密友。這正是重點所在！由於弱連結不在我們的封閉交

友圈裡，反而能夠引領我們接觸新事物。他們認識的人事物我們都很陌生。透過弱連結，資訊與機會的傳送遠比透過親密交友圈更遠更快，因為弱連結的人脈較少重疊。弱連結就像橋梁，你看不到對岸，所以無從得知他們會帶你到何方。

不僅是我們認識的人或交友圈會影響我們，就連我們溝通的方式也會因交往圈而有所不同。強連結是由相似且親近的朋友組成，溝通時難免傾向採用簡單、特殊編碼的語言，即所謂的「限制語法」（restricted speech）。簡短但不完整的限制語法，充斥著圈內行話和縮寫——少少幾個字卻能傳達出很多意思。像簡訊族都知道FTW是「for the win」（萬歲），而商界人士都知道JIT是指「just-in-time」（及時生產）。

同個交友圈的人不僅習慣用相同的俚語，對彼此以及外在世界的看法也雷同。他們可能唸同一所學校，或是抱持一樣的愛情觀，甚至看同一類型的電視節目。無論是什麼特別原因讓我們如此相似，總之，常和強連結的圈子混在一塊，不但局限我們認識的人脈、知道的事情、講話的方式，到最後連我們的想法也受到限制。

另一方面，因為弱連結與我們之間的差異，令我們在溝通時不得不採用所謂的「精緻語法」（elaborated speech）。使用「限制語法」的前提在於說者與聽者的背景相似；「精緻語法」則不

然，它不會假設說者與聽者的思考模式雷同或有一樣的認知。我們和弱連結交談時，必須詳盡描述，得更深思熟慮、更有條理。談話時較少使用「你知道嗎？」之類的贅詞，也比較少發生句子沒講完就結束的情形。不管談的是公事還是對愛情的看法，我們都盡量把話說得更完整。因為如此，弱連結促使 —— 有時甚至逼迫 —— 我們提升並且改變思維。

》改變一生的弱連結

看看柯爾與貝琪的故事。

柯爾大學一畢業便迫不及待享受他二十幾歲的人生，一如一放暑假就馬上把學校拋在腦後的高中生。主修工程的他，大學時成天在解方程式，感覺上每個人都玩瘋了，只有他沒玩到。因此，柯爾打算利用二十幾歲的光陰好好玩個幾年。他在一家問卷調查公司找到一份普通的工作，只需準時打卡上下班，不用花太多心思。同時，他和一票朋友住在同一間公寓，其中有些人沒唸過大學。幾年下來，這些人成了柯爾的「城市族群」：

我們總是聚在一起喝酒聊天，抱怨工作也抱怨整個就業市場，對所有事唱反調，全都同一個鼻孔出氣。這些人從不認真思考未來的工作生涯，我當然也一樣。你或許會覺得我們很酷。反

正我每天只關心下一場籃球賽什麼時候開打，其他都不多想。我以為大家都跟我一樣，因為我碰到的每個人都是這樣過日子的。

後來我陸續聽到一些大學朋友的消息：某某某離開銀行界自行創業、誰誰誰在Google找到很棒的工作之類的。我不禁會想：「那個傢伙？太不公平了吧！我在大學挑燈苦讀時，他還在人類學系呢！」不過，事實證明他利用二十幾歲的歲月做了些努力，而我卻只是無所事事。我不想承認，但其實沒多久之後，我開始想要跟那些人一樣，把時間花在有意義的事情上，只是當時我不知道該怎麼做。

有一天，柯爾的姊姊拉著他去參加她室友的30歲生日派對。派對上淨是些年紀較長、成就較高的賓客，這讓柯爾很不自在，所以他幾乎只與宴會上剛認識的一位年輕雕塑家聊天，她名叫貝琪，是我的客戶。

貝琪一直和同類型的男生約會，她剛和前男友分手，因為對方是「長不大的男孩」，可是她新交的男友也是同一個德性。貝琪不想一而再、再而三碰到同一類的男生，於是她跑來找我諮商，希望找出原因。然而，儘管開始有點自覺，她還是不斷碰到同樣風趣但胸無大志的男生。她說：「我都找不到好男人！」

一如柯爾，貝琪也非常不想參加這次的派對。她幾年前上飛輪有氧課時認識了壽星，之後她邀了貝琪幾次，貝琪都婉拒。這

次會願意參加，是因為貝琪非常想認識新對象。可是她雖然搭計程車趕來參加派對，心裡卻懊惱當初不該答應的。

貝琪遇見柯爾時，有種天雷勾動地火的感覺，但內心卻很掙扎：柯爾不但聰明、學歷又高，只是他似乎沒有善用這些優勢。他們有過幾次不錯的晚餐約會，戀情持續升溫。後來有一次她在柯爾家過夜，隔天看他睡到十一點才起床，而且拎著滑板出門，貝琪的心都涼了一截。

貝琪不知道的是，自從柯爾跟她在一起之後，看到她對雕塑工作的熱情，甚至週末也沒休息，以及她和朋友聚在一塊討論工作和計畫時的興奮模樣，他逐漸重拾往昔的動力。他在Graigslist分類廣告網上頭看到一則徵人啟事，一家前景看好的新公司在招聘科技人才，工作極具挑戰性。不過，他覺得自己恐怕不夠格。

這時柯爾想起一位在這家公司上班的高中老友，兩人一年大概會聚一次。於是柯爾連絡這位朋友，請他美言幾句。歷經幾次和不同主管的面談後，柯爾得到了這份工作。人事經理告訴柯爾，錄取他基於三個理由：他取得工程學位表示他有能力做好科技工作，他的個性似乎與公司團隊的屬性很合，為柯爾背書的二十幾歲年輕人在公司人緣很好。至於其他工作所需條件，人事經理表示都可以邊做邊學。

從此，柯爾的工作生涯出現逆轉。在這家網路公司，他學到最先進的軟體發展科技。不出幾年，柯爾便獨當一面，並獲聘到

另一家公司擔任發展部門主任；這是因為之前他在網路公司累積的資產幫了大忙。

近十年後，柯爾和貝琪結了婚。貝琪開了一間美術館合作商店，柯爾則當上公司的資訊長。他們過得很幸福，而且由衷感謝柯爾的高中朋友以及貝琪一再婉拒邀請的女生。弱連結改變了他們的一生。

》善用弱連結的力量

每當我鼓勵20世代善用弱連結的力量時，最常碰到的抗拒反應是：「我討厭動用關係」，不然就是「我想靠自己力量得到工作」或「這不是我的風格」。這我能了解，但事實就是事實：在找工作或對象等各種機會時，與我們交往最淺的人，往往能帶給我們最大的轉變。況且，所有的新事物幾乎都來自我們的小圈圈之外。總之，沒有善用弱連結的20世代，勢必會落後懂得善用的人。懂得善用弱連結的人是這麼說的：

動用關係、善用人脈……並不是一件壞事。我一向不太介意這種事，不像我某些朋友會覺得透過家人幫忙得來的工作，壓力特別大。我本身在一家業界頂尖的公司上班，就我所知，全公司上下只有一個人不是靠關係進來的。我們其他人之所以能在這裡

工作，都是靠關係進來的。

我討厭隨便打電話給某個不認識的人，非常、非常、非常討厭！但我爸爸在一場假日派對上認識了一個曾經在我這家公司工作的人，他告訴這人說我對時裝產業很感興趣。我後來還是打了電話，原本只想問一些資訊，結果這個人幫我把履歷表投進去，我才得到面試的機會。

我非常想在某家醫院工作，也一直留意他們的招考消息，但等了很久都沒有看到。最後，我只好打電話給一位在那裡工作過的朋友。我之前遲遲不這麼做，是因為我擔心這樣不太好，也怕讓對方為難。不過，我打電話給她時，她馬上給了我一個目前還在醫院工作的人名。當我打電話給那個人時，對方說他們正好有個職位出缺，而我竟然在正式開出職缺之前就得到工作了。若是晚了一天，事情就完全不同了，還好有找到裡頭的人幫忙。

許多人以為：「只有我不認識任何人，可是別人都認識。」不過，他們一旦知道自己還有很多資源沒有開發，想必會很驚訝。像高中和大學的校友會就非常有用；若是沒有設立官方網站，那麼就透過臉書或是 LinkedIn 社交網去搜尋你的學校社群。一個個仔細瀏覽，看這些校友在哪兒工作。若是某個人從事的工

作是你想要的，不妨打電話或傳電子郵件給他們，看能不能安排一場職業資訊探訪（informational interview）。每個人都可以這麼做呀！

大多數的20世代渴望有群體歸屬感，自然會緊緊抓住強連結。但諷刺的是，當我們深陷某個群體後，反而會有更強烈的疏離感，因為我們和所屬族群變得孤立、與外隔絕。時間一久，我們最初想得到的群體歸屬感，逐漸演變成一種與外在世界斷絕的感受。

真正的相生相成關係不是半夜一點傳簡訊給好友，而是向外尋求弱連結，因為它們可以改變我們的生活（就算目前生活還不需要改變也是一樣）。有了弱連結的協助，我們周遭的社群——特別是20世代處心積慮想進入的成年社群——看起來也就不那麼冷淡、沒那麼難以融入。突然間，整個世界變小，也更容易闖盪。總之，我們愈懂得事情運作的方式，就愈能得心應手。

請求幫忙是開始的第一步，班傑明．富蘭克林（Benjamin Franklin）就是個很好的例子。

≫ 富蘭克林效應

西元1700年晚期，班傑明．富蘭克林擔任賓州州議員期間，

想爭取另一名國會議員的支持。據他在自傳裡的描述，事情經過如下：

我並不打算用卑躬屈膝的方式贏得他對我的認同，我反而採用了一種迂迴的方式。聽說他收藏了一本非常罕見稀奇的書，於是我寫了張字條給他，表示想閱讀那本書，請他幫個忙借給我幾天。他二話不說便把書送來，而我則在一週之後歸還，並附上一張字條，表達我深深的感激之意。

當下一次我們在國會碰面時，他竟主動找我講話（之前從沒發生過），而且非常客氣；隨後，他在各種場合也都表現出對我的認同。於是我們變成好朋友，友誼一直持續到他死為止。這件事情再次印證了我聽過的一則古老格言：「曾經善意幫助過你的人，極可能再幫你第二、第三次，就算你不開口，他也會主動幫忙。」

我們常以為，只要人家喜歡我們，就會幫助我們，因為城市族群裡的運行模式就是如此。不過，從富蘭克林效應（Ben Franklin Effect）以及隨後的經驗主義研究證明，事情的運行模式正好反過來：我們必須靠那些比較不熟的人幫忙。

一旦弱連結幫了我們，他們便會開始喜歡我們，往後也極可能施予我們更多的恩惠。富蘭克林相信，若是他想要某人的支持，就先請他幫個忙，而他也的確做到了。

富蘭克林效應證明態度決定行為，而行為也可能影響態度。若是我們幫了某人的忙，自然會以為自己喜歡那個人。因為喜歡，我們便願意再幫那人第二次、第三次……。

「登門檻策略」（Foot-in-the-door technique，譯注：又名「得寸進尺法」）也和富蘭克林效應相似，亦即先從小的要求開始，再慢慢提出更大的要求。兩者同樣指出，一個協助會衍生出更多的協助，假以時日，就從幫小忙就變成了幫大忙。

不過，鮮少有人探討到富蘭克林效應裡的一個問題，同時也是20世代心中最大的疑惑：為什麼別人，尤其是年紀稍長或更成功的人，要幫我們？富蘭克林究竟是怎麼跨入門檻，做出**第一次**的要求？

答案很簡單：為善是好事。所謂的「助人者的快感」（helper's high），就是來自於慷慨的善行。許多研究指出，利他行為可以帶來快樂、健康與長壽 —— **前提是這樣的付出對我們不造成負擔。**大多數人都有這種經驗，一旦伸出援手幫人，之後就會陸續受到更多其他人的恩惠。由於如此，許多人願意給予20世代善意的協助。老年生活能過得好，部分原因出自於幫助他人❹；企盼向弱連結尋求協助的20世代，提供了年長者一個做好事進而開心的機會，除非他們開出的要求讓人無法招架。

什麼樣的要求會讓人無法招架？

有些20世代找上弱連結之前，沒先弄清楚自己想做怎樣的工

作，一心冀望專業人士協助他們做決定。對成功人士來說這是小事一椿，但他們行程緊湊、工作繁忙，恐怕沒空幫這樣的忙。因為光是回覆電子郵件，寫個三、五段剖析該做哪些工作，就得占用他們不少時間。更何況，你要做社工還是民謠歌手，本來就不該交由弱連結替你決定。

有位人事主管曾對我說：「常有人跟我約見面，想知道我們公司有哪些職缺。等他們來了之後，他們卻這麼做……」她往後靠著椅背，雙手交叉放在腿上，接著說：「我心裡想，明明是你要找我談的，應該準備好問題再來嘛！不要東聊西扯問我在公司待了幾年，巴望著我告訴你該做什麼樣的工作。」

讓我們回頭再仔細看看富蘭克林是請別人幫他什麼樣的忙。他並沒有請信差送信給那位議員，上頭寫著「到酒館喝碗花生湯？」這就有點像是現代人寫電子郵件給別人，主旨欄寫著「喝杯咖啡？」或「可以聊一下嗎？」富蘭克林知道這樣的提議對一位忙碌的成功人士來說太過含糊，於是他選擇採用比這個更明確也更有效的方法。

富蘭克林先針對目標對象做了研究，找出這位議員的專長領域。他的要求很合理，也讓對方覺得他是個認真的人，進而對他感到興趣，再設法和對方牽上關係。況且，他的請求十分明確：借書。

我建議現代人在尋求弱連結幫忙寫推薦信、建議信、介紹

信或是安排完整的職業資訊探訪時，也採用同樣的方式：讓別人對你感興趣，並設法拉近關係。事前做好功課釐清自己要的是什麼，然後客氣地請對方協助。有的弱連結會拒絕幫忙，但出乎意料地，大多數人都願意幫你。總而言之，取得新事物的最快方法，就是一通電話、一封電子郵件、一箱書、一個幫忙，或是一場30歲生日派對。

我有一回拿到的幸運籤餅，籤詩上頭寫著「智者創造自己的好運」。我們二十幾歲時，唯一能做的最棒的事，應該就是接納弱連結、也給他們一個理由接納我們。研究指出，當我們成年後，隨年紀增長，社交網絡也變得**更窄**；因為我們的工作與家庭愈來愈忙，與外界的界限也更加分明。所以，每當我們轉換工作、搬到很遠的地方、換新室友、週末到城裡閒逛時，正是認識新朋友、接觸新觀點的時機，不要只把時間花在和同一群人聊天、成天抱怨工作有多爛或世上沒有好男人之類一成不變的話題。

弱連結能夠立即改善你的人生，而且往後會一而三、再而三協助你，只要你有勇氣正視自己想要的事物。

---

❹ —— 艾瑞克‧艾瑞克森不僅為文討論成年前期，他也是第一位提出「出生到死亡心理發展階段模型」的心理學家。在此八大心理發展階段裡，最後二階段 —— 慷慨利他（Generativity）與自我統合（Ego Integrity）—— 發生於成年中期與後期；此時人們尋求的是意義與成就感，而幫助他人能夠增添人生意義。

找回你
遺忘的特長

不確定性永遠是承擔責任前的必經過程。

—— 哈洛・季寧（Harold Geneen），商人

**追逐青春並非恣意妄為，而是去找到新的方式，直接面對真正有
意義的事物。**

—— 艾瑞克・艾瑞克森，精神分析學家

　　伊恩告訴我，他二十幾歲的人生就像漂流在茫茫大海中，
一片無邊無際的廣大水域，四周完全看不到陸地，他不知該往哪
裡去。他受夠了那種「可以游向任何地方、做任何事」的樂觀想
法；同樣地，他也因為不知道該做哪些「任何事」才會成功，只
好原地打轉。24歲的他表示，他只能拚命踩踏不讓自己沉下去，
如今心力交瘁並覺得此生無望。

聽伊恩描述時，連我自己也開始感受到一絲絕望。

依照心理學的說法，我試著「到客戶所在的地方和他們見面」，但伊恩的大海比喻實在是個大問題。我想像自己和他一塊兒在大海裡漂流，放眼四周全都一個模樣，我實在也束手無策呀！

我問伊恩：「要**怎麼做**才能離開大海？」我想試探他是否知道一些遠離大海的方法。

他回答：「我不知道。」然後轉動著頭繼續認真思考，並接著說：「我在想是不是可以先選定一個方向，再開始往那裡游？可是每個方向看起來都一樣，沒辦法選。再說你也不知道自己游的方向對不對，既然如此，何必耗盡精力往錯誤方向游呢？不如等著某人划著船或別的交通工具來救你吧……」講完之後，伊恩似乎鬆了口氣。

>>> 「生命操之在我」的恐怖感

「我的生命操之在我手中」這句話的背後隱含著恐怖的感覺。之所以恐怖，是因為你知道沒有魔法可以幫你、痴痴等待是沒有用的、不會有人來拯救你、你必須自力救濟！你不知道人生該怎麼過，就連下一步都不知道要做什麼，其實是為了抗拒「生命操之在我」的恐怖感，不願承認未來遲早要面對，以為這麼做，就可以假裝「現在」無所謂。換句話說，面臨選擇而不知所措時，

只好祈求人生得過且過，不必承擔責任。

　　像伊恩就不想承擔責任，他只希望某個人可以出現在面前，引導他走向事先安排好的路。事情也向來如此：伊恩會突然和一票朋友或某個女友廝混，隨他們的方式過日子好一陣子，偏離自己的人生。但我知道這樣下去會有什麼結果：某天醒來，伊恩會發現自己身處一個偏遠的所在，做的工作或住的地方完全不是他想要的。他會突然了解自己想要什麼樣的人生，但遠遠不是現在這個。

　　伊恩用大海譬喻當做擋箭牌，假裝自己還不知道想過什麼樣的日子，彷彿他沒有過去、沒有未來，也沒有理由往哪個方向前進。他不去思索過去的人生，也不去想未來要怎麼過。誠如他所言，這樣的態度不可能讓他採取任何行動。伊恩並不知道，做出抉擇的20世代比那些在水中載浮載沉的同儕更快樂，他才會遲遲不做出選擇，以為這樣比較輕鬆。

　　常和伊恩廝混的朋友也同樣不願做決定。在他工作的單車店裡，朋友總是對他說不必那麼早做決定，還高喊：「我們不要做決定！」關於工作，他們一天到晚都在說絕不安定下來、永遠不會出賣自己。實際上，他們卻安逸於低就的工作，早就出賣了自己的未來。我想，伊恩之所以會來找我，或多或少是因為他知道這些話只是鬼扯。

　　可是，當伊恩向父母提到他的人生像是迷失在大海之中，他

卻聽到另一套謊言。他爸媽會說：「你是最棒的，天下沒有事難得倒你！」他們鼓勵他放手做任何想做的事。他們不知道的是，這種含糊的激勵話語幫不了伊恩，不但沒法給他勇氣振作，反而令他更加迷惑。

像伊恩這樣的20世代，從小就聽慣了模糊不清的指令，像是：「追逐你的夢想！」「勇於摘星！」等等。然而，他們往往不知道該如何達到這些目標。他們不知道如何獲得自己想要的，甚至有時候連自己想要什麼也不清楚。

伊恩有一次非常苦惱的對我說：「我媽一直跟我說我有多棒又多棒，說她以我為榮！我很想問她**以我什麼為榮**？我究竟棒在哪裡？」

母親的讚美不但沒讓伊恩自我感覺變好，長久以來反而讓他覺得她說的是場面話，只是在哄騙他。此外，人生沒有無限的選擇，伊恩也一樣。20世代常說，他們覺得選擇太多了；可是，此時此刻伊恩發現他眼前的選擇並未如大家所說的多。何況，愈晚起步，他的選擇會愈少。

我對他說：「你下星期再回來找我。到時候，我們就會離開大海了。大海的譬喻並不恰當，下次換果醬試試吧！」

≫ 從大海到果醬

　　心理學界有個經典的「果醬實驗」（jam experiment），由時任史丹福大學研究員的席娜・艾揚格（Sheena Iyengar）主持的一項實驗。她以當地雜貨店做為實驗地點，試圖了解人們如何做出選擇。實驗中，艾揚格的研究助理佯裝成果醬供應商，在一間美食店裡擺設兩個試吃的攤位。一個攤位有六種口味可供試吃：桃子、黑櫻桃、紅葡萄乾、帶皮橘子、奇異果以及檸檬酪。另一攤位則有二十四種果醬供人試吃，除了前述六種，還有另外十八種口味。在兩個攤位上，顧客試吃後都會拿到折價券，可以折扣價購買一罐果醬。

　　該研究發現，二十四種口味的攤位吸引到比較多的人，最後購買果醬的人卻比較少。顧客一窩蜂擠在攤位前試吃，但大多數人卻因口味太多無從選擇，最後乾脆一罐都不買。到二十四種口味攤位試吃的顧客中，僅3%買了果醬；相較之下，到六種口味攤位試吃的人比較能夠決定自己適合哪種口味，約莫有30%最後買了果醬。

　　下個星期伊恩回來找我時，我告訴他「果醬實驗」的研究，並問他是不是因為人生中有太多似有若無的選擇，令他不知從何選起。

　　他表示：「我**的確**是被那種『我可以做任何事』的想法給搞

到不知所措。」

　　我建議他：「不然我們試著具體一點，先談談怎麼選果醬吧！」

　　他問：「我現在是在六種、還是二十四種口味的攤位前面？」

　　「你的問題問得真好！我想，20世代要順利做出決定，首先必須認知到二十四種口味的攤位並不存在，它只是虛構的。」

　　「為什麼它不存在呢？」

　　「20世代聽到的都是：他們眼前有無窮無盡的選擇。每個人都跟你說，你可以做任何事、去任何地方，就如同你所描述的大海，也像是站在二十四種口味的攤位前面一樣。然而，至今我還沒聽過有哪個20世代的人能有二十四種可行方案供他選擇。事實上，每個人只要從自己的六種口味攤位上選擇即可，最多就只會有六種。」

　　伊恩一臉茫然望著我，於是我繼續說下去。

　　「過去這二十幾年造就了現在的你：你有你獨特的經驗、興趣、優缺點、文憑、困難、優先考量。你不是這一刻才突然掉落地球上的，或是如你所說的大海裡，因為你過去的二十五年和現在息息相關。所以當你站在六種口味的攤位前，你會知道自己喜歡的是奇異果還是黑櫻桃。」

　　伊恩說：「可是我只想要事情能夠圓滿！我只希望事情順利！」

我質疑他的說法：「你這樣說太模糊了，你只是不想面對你所知道的事實。」

「所以你認為我已經知道該怎麼做了嗎？」

「我認為你知道一些，而且是確實存在的事實，我們就從那裡開始吧！」

他說：「你是指樂透問題之類的……」

我反問：「什麼是樂透問題？」

伊恩接著說：「嗯，就是問自己若是贏得樂透之後，要做什麼之類的問題。這麼一來，你就會知道自己真正想做什麼。」

我反駁道：「不是這種問題，樂透問題不夠真實，因為在回答這種問題時，你不會考量本身的才能與經濟；但實際情況下，你必須評估能力與經濟。20世代要問自己的問題應該是：如果**沒有**中樂透，會怎麼過自己的人生？要怎麼做才能達到並維持你想要的人生？你想過怎樣的人生，為了得到那樣的人生，你又願意努力打拚個幾年？」

「我完全沒概念。」

「不可能吧！」

接下來幾個月，伊恩告訴我他的學校與工作經歷。有好一陣子，我就只是聽。事實上，伊恩說話時，不光是我在聽，他也在聆聽自己說了些什麼。每隔一會兒，我便針對剛才聽到或看到的

某些內容整理一番，像是：他從很小的時候就愛上畫畫；童年時期喜歡玩樂高積木與蓋房子；大學原本唸建築，但沒唸完，因為感覺上建築已經落伍了；後來他拿到認知科學的學位，因為他喜歡科技與感知。我望著伊恩自在的聊著他的心願，夢想自己有一天能發明一些商品。

最後，伊恩把所有看似可行的選項逐一評估，選出六種看得到也摸得到的果醬口味 —— 他接下來可以做的六件事。

「我可以繼續在單車店工作，但那只會一點一滴把我榨乾；我知道不能再待在那裡了。我的經理四十多歲還在那裡工作，我看了心裡難免有疙瘩……。」

「我可以去唸法學院，我父母總是說我很適合唸法律。但我不想要考LSAT（譯注：法學院入學考試），而且我討厭K書也討厭寫作，我猜法學院應該有一大堆這類功課吧……。」

「既然現在很多的設計都在線上進行，或許我可以試試。而且，我對設計與科技之間的界面也很感興趣。幾年前，我申請過華盛頓特區的一項數位設計實習計畫。那計畫和某家公司合作，裡頭有很多研究生負責研發產品上市。我很想進去，只是沒被錄取……。」

「我可以學阿拉伯文，然後，嗯，看能不能從事國際關係之類的工作，或許還可以派駐海外。不過這只是個想法而已，之前我曾報名上課，但一堂課都沒去過……。」

「我也可以到柬埔寨看我的好友，在那兒混一段日子，只是我爸媽非常反對……。」

「再不然我可以去聖路易找前女友，她成天都在看《實習醫師》影集，還叫我跟她一起去唸學士後醫學系。不過，大學時期我只修過兩堂硬科學課，而且唸得不太好。更何況，雖然這麼說不太好，但我認為非得先把自己工作搞定，才有心情和她認真交往。」

（先工作再談感情，這聽起來還不賴！許多20世代年輕人都這麼說 —— 尤其是男生。）

不願承認的「遺忘的已知」

當伊恩逐一檢視眼前的真實選項時，他碰到了20世代常會發生的狀況，也就是精神分析學家博拉斯（Christopher Bollas）口中的「遺忘的已知」（the unthought known）。

所謂「遺忘的已知」，是指那些我們對自己了解但不知怎麼卻遺忘了的事，包括我們曾經擁有但逐漸淡忘的夢想，以及我們明明很清楚卻不願開口承認的事實。我們不敢向他人承認「遺忘的已知」，或許是因為怕說了之後別人不知道會怎麼想。更常見的是，我們擔心「遺忘的已知」到最後會在現實裡成真，變成我們人生的一部分。

伊恩假裝自己的困難點在於不知道該做什麼，但在他內心深處，我認為他很清楚：做出選擇會啟動**真正的**不確定感。這種不確定感更恐怖，因為你選擇做某件事，卻不知道該**如何**達成。明明什麼都不確定，還得硬著頭皮做。一旦做出選擇，我們就不得不開始努力，承受可能面臨的失敗與失落，所以有時候不知道、不做出選擇、什麼事都不做，感覺上反而輕鬆多了。

但事實並非如此。

「伊恩，我們第一次碰面時，你說自己就像在大海中間。當時我的感覺是，你並沒有特定想要的東西，完全不知道自己要的是什麼。但事實上，是你不讓自己知道內心真實的想法。你的確想要某樣東西：你希望在數位設計界闖出一些名堂。」

伊恩不置可否地說：「我不知道耶……」

他隨即又丟出一連串問題，證明自己真的什麼都不知道。

「可是我不知道要怎樣才能進到數位設計產業……。」

我回答：「我知道。」

「可是，我開始之後若是改變心意的話怎麼辦？」

「那就改做別的呀！這又不是唯一的一罐果醬，你可以選其他口味呀！」

「若是我做了以後失敗，不就白白浪費心力嗎？而且，這個選擇就沒有了。」

「不會沒用，你反而會更了解這個選擇。你該問的問題是：這

份工作足以讓你糊口嗎？你喜不喜歡這份工作？你必須自己一一找出答案。」

「我總是想太多，總覺得應該確定試了會成功再做，否則不選感覺上比較安全。」

「不做選擇一點也不安全。只是現在還看不出結果，等到你三、四十歲就得承擔後果了。」

「我只是一直擔心我父母會有意見，他們應該會勸我從事法律之類的工作，社會地位比較高。我自己也會想說，或許應該唸阿拉伯文之類的東西比較有趣。我的人生不應該只是一罐果醬，這樣太無趣了。」

我表示：「在你認清自己想要的並採取行動之前，眼前還有一項阻礙得移開，那就是『應該的暴行』（tyranny of the should）。」

伊恩的部分，我們稍後會再繼續。

臉書動態
不等於真實生活

要求完美反難成功。

—— 伏爾泰（Voltaire），作家

若我們只是想快樂，那麼很容易達成。然而，如果我們想比別人
更快樂，那幾乎是不可能的；因為我們總是把別人想像得比他們
實際狀況快樂得多。

—— 孟德斯鳩（Charles de Montesquieu），作家／哲學家

塔莉雅哭著說：「我覺得我快精神崩潰了。」

這是我們第一次的會面，我說：「精神崩潰？你可以描述一
下是怎麼樣的狀況嗎？」

塔莉雅開始告訴我她的事，其間不時夾雜著啜泣聲。

「我大學畢業快兩年了，我認為畢了業就是自由人生的開始。

在那之前，我有將近十五年的時間飽受完美主義的折磨，所以畢業後的未知人生對我來說，是種極大的解脫。可悲的是，隨心所欲做自己想做的自由，並不如我預期的美好。」

她胡亂從皮包裡掏出面紙。

「這幾個月，我自己一個人住在舊金山，心情非常低落。我大多數的朋友都散居美國各地，唯一同住的好友，突然態度一百八十度大轉變，離我而去。我成天不是在分類廣告網上找工作，就是去健身房。我覺得自己快崩潰了，沒辦法入睡、一天到晚都在哭。我媽說我需要吃藥。」

塔莉雅接著又與我分享了不少事。

「這幾年應當是我人生最精華的歲月呀！」她難過的說。

「它們應當是嗎？」我問她。

「對呀！」不過這次語氣有些不確定。

「就我的經驗看，這幾年是人生中最不確定、最難熬的日子。」

「為什麼沒人告訴過我？」

「說了也沒多大幫助，而且，我現在不就告訴你了。」

塔莉雅接著說：「我覺得自己徹徹底底的失敗！在學校時，凡事都有定律可遵循，很容易就知道該做什麼，下一步該往去；你知道自己充分發揮了潛力。有時候我覺得自己應該唸研究所，因為聽起來還不錯，而且我又可以拿到高分了。像我現在就

不知道如何在我的二十幾歲生涯裡拿到高分，我的人生第一次感到挫敗。」

我問她：「二十幾歲生涯的高分，你指的是什麼？」

「我不知道，這就是問題所在了。我只是覺得自己不應該輸人一等。」

「哪裡輸人一等？」

「我一直認為人生應該要很精采，應該不管從什麼角度看都很精采。像我在學校拿到高分，就叫做精采。我覺得找到一份好工作或是一個好男人，或許也算是精采。反正我覺得我的人生應該要很成功！愛情應該甜甜蜜蜜，工作應該讓別人讚歎連連。可是這些都沒有發生，沒有一件如我所願。」

我表示：「當然不會發生。」

「可是你到臉書上看看！我也應該像那些人一樣幸福美滿啊！」

一場展現表相的競賽

每個星期，我光是聽客戶談論臉書的時間就多到你難以想像。許多客戶覺得他們每天的生活都在臉書上受到檢視、甚至品頭論足。他們不得不坦承自己每天要花上好幾小時發布照片與留言，然後一而再、再而三查看自己的臉書頁面。他們想像前女友

看到自己現在模樣之後，可能會有的反應。他們會想，那些刻薄女搞不好會發現他們有一票俊男美女的朋友。一位客戶自嘲道，他的臉書就是「自我推銷的廣告」。這些客戶坦承自己在臉書上的行徑，還以為只有自己會這麼做。

其實不只是他們。

臉書這類的社交網站讓人覺得自己與外界相連，而非孤單一人。大約90%的用戶表示，他們利用臉書和多年朋友保持聯繫；50%的人則透過臉書獲知朋友生活中發生的重大事件。誠如塔莉雅所說，這對20世代來說尤其有用，因為這些年正是大家各奔前程、變化最大的一段時期。臉書可以讓20世代的人有歸屬感，不會四處流離。既然如此，為什麼有那麼多20世代年輕人私底下、甚至公開表示痛恨臉書？

對大多數人而言，臉書主要不是用來「找」朋友，而是拿來「看」朋友的。研究指出，平均而言，臉書用戶花在檢視別人網頁的時間，比花在更新自己網頁上還要多。最常光顧臉書的人（主要以張貼分享照片以及更新動態近況的女性居多），把臉書當做「社交監視」的工具。這些社交監察人雖然平常不太和朋友聯繫，但會花很多時間上朋友網頁查看近況。誠如我幾個客戶所說的：品頭論足在所難免。

在一份相關研究裡，研究者讓將近四百名研究對象觀看假的臉書網頁，評選出最具吸引力的網頁主人。結果發現，最具吸引

力的前幾名，朋友多半是俊男美女。

臉書不但創新，它也徹底改變了我們的日常生活。就像我們常聽到有人結婚時，新娘沒有選她最好的朋友反而選最漂亮的朋友當伴娘；臉書上頭成天上演著人氣比賽，愈多的「讚」才是最受歡迎的。你唯一能做的，就是表現出最完美的一面。在這裡，伴侶的外表好看才是重點，個性好不好還是其次。就連「誰先結婚」也成了一場競賽。總之，我們必須時時保持光鮮亮麗，臉書不是用來呈現真相，而是展現**表相**的場所。

臉書不僅讓我們更新朋友近況，更要我們**跟上**他們的水平。問題是，我們現在不但覺得自己有必要跟隨親密好友的腳步，就連其他一大票跟我們不熟、時時更新近況大曬恩愛的臉書友人，我們也想變得和他們一樣。

最近有位26歲的客戶對我說：「我每個朋友都生小孩了，我覺得自己嚴重落後。」從統計學看，這不太可能；由於她諮商過程裡提過幾個朋友，我問她是哪些人生了小孩？她表示：「都不是她們。是我在臉書上認識的那一大群朋友，我是看她們動態訊息知道的。」另外，還有一位男性客戶對我說：「我本來對自己的工作還算滿意，但自從在臉書上看到其他人的工作之後，我就不再這麼覺得了。」

大多數的20世代不會傻到去與名人臉書裡描述的生活做比較，卻輕易的把朋友放在臉書上的影像和貼文當真。然而，其實

大部分人會隱藏他們的問題，20世代的人不知道許多同世代的人一樣過得很辛苦，每每在社交網站上比較時，都覺得別人混得不錯，反觀自己不完美的人生，似乎嚴重落後。因此，像塔莉雅這樣的20世代不但沒受到臉書的鼓舞或產生歸屬感，反而感到無助與孤獨。

塔莉雅上網找工作時，沒有一樣符合她在臉書上看到的理想工作 —— 兼顧玩樂與生活。她說：「這點讓我非常沮喪，覺得自己很遜，不能像其他人一樣幫助孤兒。」

我問她：「你想要幫助孤兒嗎？」

「我想發揮我的潛能呀！」

「幫助孤兒跟**你的**潛能有什麼關連？你是想從事慈善事業嗎？還是你有過這樣的經歷？」

「也不算是啦！」

》》「追求榮耀」與「應該的暴行」

每個人與生俱來的信念就是要發揮自己的潛能，如同橡實總會長成大樹。然而，不是所有人都是橡實，長大之後也不一定都會變成橡樹；因此，如何發揮潛能勢必是一大問題。有些20世代的夢想太小，他們不知道此時做的選擇意義非凡，對未來有決定性的影響；有些人則是夢想太大，好高騖遠、不切實際。要了解

自己的潛能，得先認清我們特有的才能與限制，懂得將它們應用在現今社會裡。換言之，我們必須**了解**自己的真實潛能在哪裡。

然而，發揮潛能的歷程卻變成發展理論學家凱倫·荷妮（Karen Horney）所謂的「追求榮耀」（search for glory），這是因為我們對理想的了解比對真實來得多。我們或許會因為社會壓力而選擇當工程師，後來才發現自己的天命在其他地方。父母可能會告訴我們應該變成怎樣的人，但事實上並非如此。又或許臉書讓我們以為，二十幾歲的人生看起來就應該比實際更好。當看的、聽的全是這些理想狀態，我們反而愈來愈不能看清真實的自己與世界。

有時候，我的客戶不清楚自己是到底是在努力發揮潛能，還是在追求榮耀？不過，追求榮耀比較容易看得出來，因為所有的追求榮耀都受到某種力量的驅使 —— 即荷妮所謂的「應該的暴行」。聽塔莉雅講話時，你很難不注意到她一再提到的「應該」和「照理要」，像是：工作應該讓別人讚歎不已、她應該唸研究所、她的人生照理要比實際上看起來更好。

「應該」會偽裝成高標準或極高的目標，但它畢竟不是目標。目標能夠由內而外指引我們，「應該」卻只會從外面癱瘓我們的判斷力。目標像是真實的夢想，「應該」則像是沉重的義務。伴隨「應該」而來的是錯誤的兩分法：達成理想或失敗，完美還是殘渣。「應該的暴行」甚至會逼我們放棄對自己最有利的事物。

我們的潛能通常不會在二十幾歲就完全發揮，而是到三、四十歲才會達成，這與我們平常的認知剛好相反。在發揮潛能之初，通常我們得做一些看起來不太稱頭的工作，像是開著貨車四處送燕麥捲，或是基層的工作。最近一位任職交易平台的客戶就問我：「這些年我就是得埋頭苦幹，對不對？」另一位在新聞界工作的客戶也問我：「我現在知道了，至少30歲以前，我都得認分的替上司準備咖啡，對吧？」

對！

塔莉雅和我花了一陣子討論所謂的**現實**：失業率將近10%、大學畢業生的平均起薪多年來停在年薪3萬美元左右，和平均的助學貸款負債差不多；大約高達一半的大學畢業生從事不需大學學歷就能做的工作；長期失業的情況非常嚴重。此外，我們也談到她朋友的真實生活現況。

從小就累積的助學貸款壓力以及經濟負擔，讓塔莉雅亟需找到一份工作，關於這點她自己非常清楚。同時，她也必須找到「得高分」以外的成就感，因為無論是幸或不幸，那些都已成過去式了。

不過，塔莉雅在大學時代努力唸書，多少還是有幫助的。當多數人找不到工作時，她很快就找到一份市場分析師的職位。雖然工作辛苦，但她把它視為激發真實潛力的火花。在學校時，塔莉雅善於遵循指令行事，但在工作上，她變得更能自我規劃、獨

當一面。透過會議與電話聯繫,她漸漸習慣與人相處,同時也發現自己具有協調團隊與計畫的好本領。雖說這不是她理想中二十幾歲的生活 —— 超時工作、每晚回到家就累癱在沙發上、吃著微波料理,但至少她比以前快樂,也更有成就感。

以下她描述自己的改變:

有一陣子,我擔心自己過早投入職場,也擔心因為沒有申請傅爾布萊特獎助金(Fulbright)或唸研究所而無法完全發揮潛能。雖然我很清楚這類事並不會讓我快樂,我並不想做這些;可是,我的工作似乎毫無可取之處,不像別人的工作那麼完美。但我明白自己不該一直在意別人怎麼看我的人生,因為它本來就不完美。

我不再擔心現在的工作是不是低就,我也學會不去擔憂下一步該怎麼走,只是全心專注眼前的工作。別人願意給我這份工作機會,我很樂意嘗試。我發現,當我不再覺得自己高人一等、而是全心專注在學習與結果時,我變得愈來得心應手,工作也更加順利。

或許是我變謙虛了吧。因為我發現,大格局是來自對自己既有才能的投資並將眼前的事盡力做好。因此我才能夠找到一個先前從未考慮的事業版圖,也懂得看重自己的才能。現在的我有充足的勇氣與自信,也更能堅持。目前為止,我二十幾歲的生涯歷經了絕妙但生澀的覺醒,我非常感謝之前經歷過的那段內在轉變。

≫ 渴望有個稱為「家」的地方

　　在學校和工作上，塔莉雅都有過「追求榮耀」的迷思，現在全是過去式了。孰料近兩年後，「應該的暴行」卻纏上她，一纏就是好幾小時。平日晚上她坐在家裡瀏覽電腦上的相片，看著一張張沒有她的派對照片。她常因為無法出席而向朋友道歉，縱然她愈來愈不想把週末時間花在和朋友喝酒廝混。某天下午，她哭著來找我，讓我想起她第一次來找我的模樣。

　　「現在的我不是應該在法國或某個國家旅行嗎？少說也要旅行個三年吧？」她問話的語氣和之前一樣憤怒與困惑。

　　「可以說是……也可以說**不是**。」我講得很慢，試圖在心裡釐清她問題背後的成因。我看塔莉雅穿著合身剪裁的襯衫，拿著小巧的手提包，怎樣看都不像有出國旅行三年的打算。更何況，她哪裡負擔得起旅費？

　　我問她：「去法國三年是你現在想做的事嗎？」

　　她吸了吸鼻涕說：「不是，可是難道我不應該擁有自己的《享受吧！一個人的旅行》嗎？」

　　之前就聽過這種「應該」口吻的我，用一貫的語氣回應她：「你知道嗎？伊莉莎白・吉伯特（Elizabeth Gilbert）在她這本以離婚後旅遊為主軸的概念書大賣之前，早已是多年的資深作家。《享受吧！一個人的旅行》不僅是她的發現自我之旅，同時也是她的

工作。等有人資助你幾萬美元讓你去看看世界，我們再來談。」

她破涕為笑：「沒錯！書裡有提到，我忘了。」

「你為什麼現在會問這個問題？你想去法國度個假嗎？」

塔莉雅聽完哭得更傷心：「不是，真正的原因是……我只想回家。」

「喔，那我們就來談**這個**吧！」

我問塔莉雅為何在「想回家」之前加了個「只」字？她說她覺得回家形同「放棄」或是「選擇輕鬆的方法逃避」。她在這裡結交的朋友都不能理解為何她要離開灣區回到田納西。連父親也鼓勵她在外地闖盪，因為父親年輕時是藉著旅行找到自己定位的。每當她向父親暗示要搬回家時，他總是問：「你為什麼會想回來呢？」

塔莉雅父親和家人定居在納士維，離親戚都很遠，因此從小她就很少有機會和祖父母相聚。童年時期，每當假期來臨，她的朋友都會和堂兄弟姊妹一起在自家後院表演節目，博取祖母的打賞，而她只能和妹妹待在家裡度過安靜的假期。她說：「這還滿悲慘的呢！我就希望我的孩子能多和祖父母相處。」

這一回我們又談到了「現實」的議題，只不過談的不是失業率或基層工作，這回是要幫塔莉雅釐清她的真實人生。我對她說，成年後的人生不是只有吃、祈禱和愛（譯注：Eat, Pray, Love是《享受吧！一個人的旅行》的英文原名），而主要是由人、地方

與事情組成：我們和哪些人在一起、住在哪裡，以及從事什麼樣的工作。不管其中哪一項，我們都自有一套想法。

塔莉雅很喜歡她這份前景看好的行銷工作，可是她對居住的地方有特定的想法。這是件好事！當今社會裡，有太多20世代渴望擁有一個稱之為「家」的地方。當他們茫然不知自己十年後會在哪裡時，選定一個住所對他們幫助很大。無論是住到家人附近，或是找一個喜愛的城市定居下來，對居住地產生認同感是非常重要的。

塔莉雅用羨慕的口吻說：「我有些朋友在這裡**土生土長**，他們想要的話，隨時可以開車回家和父母吃晚餐。我想念我妹妹，也希望可以隨時見到家人。若是可以的話就太棒了！」

「為什麼你妹妹會待在納士維？」

「喔，我兩個妹妹是雙胞胎，才剛大學畢業；她們一向不在意別人的看法。」

「所以她們打算住在爸媽家，不理會世俗的說法。」

「對呀！很好笑，不是嗎？」塔莉雅苦笑道。接著她身體前傾，壓低音量，彷彿要告訴我一個祕密：「前幾天搭公車時，我暗自對自己說：『也許我已經做到了；也許我已經闖盪過了，也許這就是我最大的冒險經歷。』」

我問她：「你不覺得恐怖嗎？若這是你人生中最大的冒險經歷。」不過，顯然我誤解了她的意思。

於是她用力發出一聲長嘆，以幾近喊叫的聲音說：「**當然不會**！我覺得鬆了一口氣！這表示我可以回家了。」

隨後塔莉雅又哭了一會兒，我只是靜靜陪著她。望著她時，我心中默默重整自己對她的印象：一位闖盪過的年輕女子、力求上進、贏得一些很棒的資本。但現在她覺得這樣還不足以讓家人滿意，一時還無法衣錦還鄉。

此外，塔莉雅的朋友也不認同她對真實人生的想法。他們認為探索的過程比結果重要、朋友比家人重要、寧可在外冒險而不要回家。至於我，則想不透為何塔莉雅不搬回納士維，我問她理由何在。

「因為我爸和這裡的朋友都叫我別回去。」

「難道你的朋友不想有個稱之為『家』的地方嗎？」

「想呀！但是他們說我還年輕，現在談這種事太早了。」

我問：「太早了？」

「他們還說：『你真是可愛耶！』對他們而言，定居就代表**定下來**了。就拿我隔壁鄰居來說，她成天閒閒沒事，開口閉口只會批評她每個約會對象。她其實還不清楚自己未來想做什麼，就連要不要考GRE（譯注：美國研究生資格考試）都還拿不定主意。我坐在她家，環顧四周……不知該怎麼形容，房子裡的擺設家具一點都不搭軋！重點是，**她已經三十幾歲了耶**！我知道這麼說很刻薄，但我覺得……怎麼說呢，她一點也不快樂。而且，我認

為，嗯……應該說我希望自己以後不會像她一樣。」

「那麼你希望自己的人生到了30歲是什麼模樣呢？」

「我希望我已經住在納士維，或許在行銷公司工作，也許當個品牌經理。但願可以遇到適合的人共組家庭，一起定居在納士維。」

我問她：「那你還在這裡幹嘛？」

「每個人都說，我應該在外面闖一闖，可是我真的**闖過了**呀！我只想回家。」塔莉雅哀怨的說。

「所以你覺得社會壓力逼得你遲遲無法回家嗎？」

塔莉雅開始懷疑，她之所以興起回納士維的念頭，到底是因為她想選擇輕鬆的方法逃避？還是在自討苦吃？她自問：「我為什麼要住在這裡過著入不敷出的窮日子？為什麼我分明不想定居在這裡卻還在這裡找對象？」

我表示：「你問得好！」

後來塔莉雅開始上網找納士維的工作，她剛好錯過某家行銷公司的招考。她說：「那個職位應該很棒！我一定會喜歡的，只不過來不及了。」

我說：「打通電話過去看看嘛！招考雖然截止，但他們可能還沒有開始審查一張張看起來全一個樣的履歷表。你找找看有沒有誰可以幫你和那家公司的人牽上線。」

過幾天，塔莉雅打電話來取消會面，因為她要回納士維面

試。隔週她到我辦公室來，一開口便說：「我有好消息。」

離開加州前的最後幾星期，塔莉雅玩得非常開心，甚至開始懷念她在這裡度過的大學以及畢業後的時光。可是，當她到隔壁告訴那位三十幾歲鄰居她在田納西找到的新工作時，那人居然挖苦說塔莉雅一定很快就會結婚生子，隨後當著她的面把門甩上，門後還傳出一陣哭聲。

塔莉雅只好躡手躡腳走回自己的公寓。如今她已準備好迎接自己的真實人生。

客製化
自己的人生❺

接受人生是支離破碎的這件事實，是成年人對自由的體驗；然而，這些散落的碎片依舊必須找到地方安頓，最好能安置在一個足以讓它們持續茁壯的所在。

—— 理查‧桑內特（Richard Sennett），社會學家

一個人的身分並非從行為得知，……而是看他講述特定故事的能力。

—— 安東尼‧紀登斯（Anthony Giddens），社會學家

　　和伊恩的會談進行得不太順利。一如其他20世代，伊恩長期以來被灌輸「什麼事都能做」的觀念，但面對「當下」時卻開始退縮。

　　儘管無限可能的未來人生讓人感到迷惘不知所措，卻也同時

賦予我們天馬行空的幻想空間。「什麼事都能做」聽起來令人興奮又毫無拘束，相較之下，「數位設計」就顯得無趣又受到局限。當我們認真考慮選擇數位設計這條路時，伊恩卻裹足不前。他並**不想**「和別人一樣，只是做個朝九晚五的上班族」。

》「擔心做別人做過的事」症候群

伊恩的狀況屬於隱性的「追求榮耀」：與其說他遭遇「應該的暴行」，不如說他受到「**不應該**的暴行」。他的人生並不追求高分，也不求認清自己的潛能，至少從主流角度看並沒有如此。墨守成規並非伊恩的長項，他之所以追求榮耀，因為他想與眾不同。這種心態在時下年輕人之間十分常見，即所謂「擔心做別人做過的事」的症狀。在面臨工作的選擇時，他不想選擇一個了無新意的尋常工作，他希望他的人生獨一無二。

關於這點，我並非完全不認同。

獨特性對一個人的身分識別非常重要。人我之間的差異，幫助我們更加看清楚自己是誰：我之所以為我，是因為我和周遭的人有所不同。我的人生中必定有某樣東西專屬於我，不可能一模一樣的出現在另一個人的人生裡。換言之，差異性造就了我們，也賦予我們人生意義。

然而，要與眾不同很簡單。就像我們在解釋黑色是什麼，最

明瞭易懂的方式就說它是白色的相反。我們對自己最初的了解，通常不是來自於我們**是**什麼，而是來自於我們**不是**什麼。我們用「不是這個」、「不是那個」來定位自己，就像伊恩直覺反應說他不想整天都待在同個辦公桌前面。可是，自我定義不能單單用這種方式，畢竟我們的身分或事業並非由我們不想要的事物構成。因此，我們必須跳脫負面身分到正面身分、從我不是什麼轉變成我是什麼。

不過，這需要勇氣。

要做到真正的自我定義必須勇敢說「要」。換言之，伊恩必須把焦點從「我不要做這個或那個」轉移到「我可以做什麼」。我對他說：「說不要很容易，但你究竟**要**什麼？」

對伊恩而言，做出選擇等於向世俗妥協。一旦開始工作，他可以預見自己幾十年都一成不變。他認為，接受某個真實存在的事物，感覺上等於葬送了有趣又無可限量的人生。事實剛好相反：若是不做出選擇，伊恩的人生將平淡無奇且格局受限。

和伊恩會談時，常讓我想起另一個客戶。31歲的她表示在二十幾歲時常換工作，而且每換一次就把頭髮染成不一樣的顏色：在SPA工作時染成亮紫，當短期祕書時染成金髮，在幼稚園工作時則染成棕黑色。後來她訂了婚，正打算把工作辭掉。她向我透露：「我受不了我的老闆，何況我現在得忙著規劃婚禮和度蜜

月。而且我很快就會有小孩，到時再想看看要做哪些其他打算。」我問她結了婚以後，整個家計會全落在任職小學老師的未來老公身上，不知道他怎麼想？她只是不安的聳肩不語。

想到她，又讓我想起另一位39歲的客戶。她說：「到了我這個年紀，假如要外出工作，就得付錢把小孩送到托兒所，整天都看不到小孩。除非是有趣又高薪的工作，否則我才不做呢！可是，這種工作就算我要找也找不到。二十幾歲那個時候，我沒花多少心思在工作上。到三十幾歲有了孩子以後，我們需要開源，所以我也必須工作。可是，你相信嗎？我竟然找不到工作！我去應徵時，他們只是一副『你怎麼到現在還沒做過一個像樣的工作』的表情。真希望很久以前就有人提醒我趁早累積履歷表上的資歷。」

我還聯想到另一位44歲的男性客戶。剛喜獲麟兒的他對我說：「你知道嗎？若是我二十幾歲就碰到一個好的心理醫師，或許我就會在35歲前開始自己的事業，並在40歲前成家。若是二十年後你還在做這行，我一定把兒子送來找你。」我問他希望我對他兒子說些什麼，他回答：「好的事業不會像魔術師帽子裡的兔子，到他三十幾歲時突然蹦出來，我會叫他趁早在二十幾歲就開始準備。」

基於這些前車之鑑，我不斷諄諄告誡伊恩。於是接下來幾個月，我們的會談大致像以下的模式：

我會說：「你必須做出選擇。」

伊恩則說：「可是一旦做出選擇，感覺就放棄了其他一切。」

不然就會說：「我不想定下來做平凡的事。」

我則會回他：「我不是叫你安頓下來，我只是要你開始做準備。若不在20世代做好準備，到了30歲你的履歷表上是空空如也，你的生活與外界格格不入，這只會讓你愈來愈偏離人生正軌。這樣有什麼好呢？」

這樣他一句我一句之後，伊恩仍舊聽不進去我的建議。然後他會捲起褲管，走出門騎著單車離去。

伊恩和我必須取得一些共識：他的大海譬喻對我沒用，我的果醬理論對他也行不通。換言之，我們必須找到彼此認同的比喻。經歷多次唇槍舌劍的會談之後，某一天伊恩搭公車趕來諮商，他抱怨單車壞了必須等新零件寄來才能修理。為了緩和氣氛，我開始和他閒聊，問他為何不能在工作的單車店取得零件？伊恩告訴我他的車子是量身打造的，這回所需的零件必須特別訂購。

我好奇的問伊恩，因為據我所知，他的單車只是通勤工具，他既不是公路車手也不是登山車玩家，為何需要量身打造的單車？他解釋雖然沒有這個必要，但他覺得這樣的車可以向四周的人傳達某種他想塑造的形象。

看來我們找到共同點了。

≫ 用心拼貼自己的人生

我問伊恩，相較於大量生產又方便維修的單車，他希望透過量身打造的單車傳達給別人什麼樣的印象？他表示，這部單車代表著他是由許多不同的零件組合而成，不光只是某個商標品牌。伊恩的客製化單車形同他對自己期望的投射：他希望擁有非凡且豐富的人生，而且要無以倫比。然而，他企圖在不同的店找尋不同的解答，就像他二十幾歲的人生。

其實，伊恩的想法沒錯，只是應用在單車上比起應用在人生裡容易多了。

不論在商業還是文化上，我們已經從「大量生產」轉變成「大量客製化」。以前的做法是大量生產一模一樣的新產品，以最低的成本獲取最高的利潤。如今，我們希望能夠得到量身打造的產品與服務，以因應個別需求。

個人電腦就是為個人設計的，而且非常個人化。APP應用程式以及「設計自己的智慧手機外殼」，讓每支手機變得獨一無二。此外，也有服裝公司讓消費者自己設計衣服圖案。隨著電子商務與同儕行銷（peer-to-peer marketing）的盛行，我們不再崇尚「一體適用」（one-size-fits-all），轉而偏好「一人市場」（market of one）。企業與行銷專家紛紛發掘出創新生活，高喊著「活出獨特的生活方式！」這是很多人渴望但不知如何取得的生活方式，伊

恩就是其一。

伊恩必須學著將拼裝單車的精神，用來拼貼他零散片段的人生。我問他是怎麼拼裝出一部單車的？他說他先到一間車店挑選適合自己的車架與輪組，車架則是根據自己的身材以及騎乘需求所量身訂做的。接著他會列出偏愛的各項零件清單，最後會拿到一部合意的單車。在他逐步增添配備的同時，這部單車變得愈來愈實用且獨特。雖然過程耗時又花錢，但伊恩樂在其中；因為這部單車是他的個人創作，對他的意義尤其重大。

我說：「那麼說來，量身訂製的單車很適合你囉！」

「沒錯。」

我說：「而且它獨一無二。」

「沒錯。」

「感覺上它既真實又與眾不同，況且從某種角度來看，它甚至是沒有限制的，因為你隨時都可以更換零件。」

「沒錯，正是如此。」

「可是剛開始時，你還是得用到標準配備。你該不會連輪子都自己研發吧！」（譯注：作者用了 reinvent the wheel 的俚語，指「發明一個早已存在的東西」，一語雙關。）

他笑著說：「當然沒有。」

我請伊恩做個聯想：或許真實獨特的人生也是這樣來的。當今二十一世紀，事業與生活不是從生產線製造出來的，我們必

須拼貼好自己的人生片段。伊恩的人生可以非常個人化且富含變化，但他必須付出大量的時間與心力，而且可能必須從某些普通的零件開始。想擁有非凡的人生，不一定要排斥這些尋常的選擇，它們才是創造非凡人生的基礎，一如他的單車。

如今，伊恩學會一次只專注在一件工作或一項資本上。這樣似乎沒那麼從眾，也沒那麼恐怖，不再擔憂自己的下一步會注定了他下半輩子的生活。

「那麼你打算怎麼開始？」我問伊恩。

「你是指工作嗎？」他反問。

「你必須工作，你的人生需要工作。」

「不同面向的我，想做不同的事。」

我說：「是呀！我了解。那你要從哪個面向開始呢？」

伊恩嘆息說：「我不知道。」

我問：「你不知道嗎？數位設計怎麼樣呢？」

他語帶尷尬說：「其實我最近一直在應徵這類的工作，只不過連面試機會都沒。我以為只要我決定要做什麼之後，一切就會順順利利。其實辦公室的工作看起來也沒那麼糟，而且我想做還做不成哩。」

伊恩停下來思考，我則耐心等著。

終於他開口了：「我還是念念不忘華盛頓特區的那份工作，就是上回我們聊到的那項數位設計實習計畫。不過，我一直都沒

被錄取，理所當然不可能！」

　　我表示：「我倒不認為這理所當然，何不談談你是怎麼申請工作的？」

≫ 精采的故事勝過長串的履歷

　　我曾多次擔任入學考試以及企業招聘的委員，所以很清楚20世代年輕人要怎樣打敗其他競爭者，進入夢寐以求的學院或企業。我看過成千上百的申請書資料夾，裡頭的數字對我們一點意義都沒有，反倒是獨樹一格的求職自薦信與論述會吸引我們的注意。我還看過有的申請人之所以獲得某所研究所青睞，完全是憑藉著十五分鐘面試裡主考官對那人的主觀印象。

　　從這些經驗裡我學到一件事：對找工作的20世代來說，一個好的故事尤其重要，比其他時期都重要。這時大學才剛畢業，履歷表上還列不出什麼像樣的經歷；因此，個人敘事成了少數幾樣這個階段能夠掌握的事。身為20世代的年輕人，人生潛能無窮，但成就屈指可數。能夠說一口好故事、生動介紹自己以及自己夢想的人，比其他人占更大的優勢。

　　不妨想一想，人事部和研究所每次招考有多少申請函要看。他們得翻閱無數的紙張看著一行行的資歷，像是「生物學位、3.9分、田納西大學、皮德蒙特中心社區學院、GMAT 720分、棒球校

隊、2.9分、校園導覽員、輔修法文、主修美術史、華盛頓大學、拿過優等獎、GRE 650分」等等。在這些繁瑣資料裡，主角必須現身，講一段精采的故事。否則，履歷表就只是張清單，清單可一點也不吸引人！

但何謂精采的故事？

倘若建立專業身分的第一步是要說出我們的興趣與才能，那麼下一步就是要說出一段與我們興趣和才能相關的故事，無論是面試或約會聊天都能派上用場的故事。不管你是治療師還是面試官，故事要兼具內涵與結構才有辦法獨樹一幟。故事太過簡單，給人感覺經驗不足且貧乏；故事過於複雜，又讓人覺得這人沒有條理，不宜雇用。

我問伊恩他上回申請設計實習計畫時是怎麼介紹自己的。他說他描述高中時期、熬夜趕做畢業紀念冊的經歷；他表示他的論述「後現代而且時髦」，但對我說明時卻講得不清不楚。

我建議他再試試看，重新寫一份條理分明、具有明顯「敘事弧」（narrative arc）的論述。伊恩並不贊同，他覺得這種論文太過無趣，怕讓人以為他也是如此。但問題就出在這裡：學校和企業雖然注重原創性與創造力，但更看重溝通與分析能力。

不論你申請的是公司還是研究所，它自有一套遊戲規則。主試官希望聽到合理的故事，清楚交代過去、現在與未來。換言之，你過去所做的與你現在要做的之間有什麼關聯？對你未來要

做的又會有什麼影響？大家都知道，多數申請人其實並不知道未來工作會是什麼模樣。就算自以為知道的人，後來也發現工作和原先想的不一樣。

有位人力資源經理告訴過我：「我如果聽到應徵者說他們希望能在這裡工作一輩子，一定會翻白眼。誰知道自己五年後會在哪裡呀？只不過，應徵者礙於壓力不得不講出一些像樣的理由，總不能說只想混口飯吃或想找個離家近的工作吧！」儘管人生不一定是線性的，但誠如這位經理所說的，它必須合乎常理。

我說：「伊恩，你再做一次。你的故事只是敷衍了事，因為你不想對任何事做出承諾，更別說去做合乎常理的事。這樣會讓人覺得你話只說一半或是沒有條理；看了你那樣的故事，沒有人會想雇用你的。」

他表示：「可我就是不想安頓下來。」

「在哪裡安頓下來？你的故事又不是賣身契，沒有人要你寫血書立誓，只不過是一段介紹的文字罷了。」

伊恩心不甘情不願重寫了一篇更有條理的故事，從他最初愛上畫圖開始講起。內容除了提到他在建築與認知科學的相關經驗，也提及一些工作經歷。故事一開始，伊恩回想童年時總是隨身帶著一本線圈小筆記本，因為他喜歡以父母親和兄弟姊妹為對象，畫一些抽象人像畫，家人因此叫他「LOGO 先生」。

結果，伊恩用同樣的資本，加上一篇更精采的故事，得到

華盛頓特區的工作。幾年之後，當他面臨人生中另一個選擇關卡時，他是這麼說的：

當年我決定到華盛頓特區工作時，一度擔心自己做出選擇後，等於把所有其他選擇的門都給關上了。但是，做出選擇其實是種解脫！更何況，這份工作反而替我開啟更多扇門。我現在變得非常有自信，因為我有豐富多元的工作資歷，而且相信自己有能力做其他事。

有一段時間，我很慶幸得到這份工作，終於可以放下擔憂好好過日子，不再像大學畢業後那幾年，一直擔心自己將來的出路。如今我又走到人生的關卡，我不想再繼續現在的工作，真的受夠了！傷腦筋的是，我得重新思考下一步該怎麼走？所幸，這次容易多了。因為上次的經驗告訴我，我必須採取行動，搖擺不定的話什麼事也做不成。

有時我覺得做了選擇後，人生好像會變得無趣。就算選擇了追求自己喜愛或適合自己的事物，還是感到無趣，只因為它們合乎常理。我渴望走不一樣的路，像是阿拉伯文！像是柬埔寨！我知道這樣的念頭很瘋狂，也知道要活出美好人生，不能只做自己喜愛的事，也要做合乎常理的事。

過去我一直擔心自己流於平凡，或許現在你會當我是個凡夫俗子。但我終於了解為什麼每個人的人生都是如此，至少是從平

凡的方式開始，因為事情本來就是這樣運行的。

　　伊恩說得沒錯，事情就是這麼運行、用這種方式開始的。投入職場找份好差事只是起點，而非終點。然後，接下來還有很多要學要做的。

❺ —— 我在本章採用「客製化的人生」的說法，靈感來自伊恩諮商時提到的個人經驗。不過，關於20世代面臨的人生困境，像是「現成可套用的人生不再、年輕人背負著拼湊零碎自我與人生的壓力」等，我大多是參考心理學家艾瑞克‧艾瑞克森，以及兩位社會學家 James Côté 與 Richard Sennett 的論述。

愛情觀大改造

Love

愛情
寧缺勿濫

我們的〔社會〕體制不重視對人們幸福有極大影響的抉擇，反而引導人們關注那些無關緊要的決定。選擇結婚對象是我們最重大的一項決定，卻沒有一門課教我們如何抉擇。

—— 大衛・布魯克斯（David Brooks），政治暨文化評論家

2009年，《紐約時報》專欄作家大衛・布魯克斯寫了一篇文章，談他受邀至某所大學畢業典禮演講的事。文中描述他為了這篇講稿文思枯竭，下不了筆。他並非沒有東西分享，只是怕講出來有失恰當，他想說的是：「挑選結婚對象與幸福息息相關，唸哪所大學反倒沒那麼重要。」他表示，大學裡頭開設一大堆「符號語言學」相關課程，卻連一門婚姻學都沒有，「所以今日社會才有這麼多亂象」。據布魯克斯細膩的觀察，我們必須到脫口秀或實境秀這類的劣質市場，才有辦法聽到婚姻的相關議題。

我不清楚布魯克斯後來有沒有在畢業典禮上暢談婚姻，但萬一他真的這麼做，學生聽了必定滿臉驚恐、一頭霧水。我可以想見數百位頭頂學士帽、身穿學士袍的畢業生站在那兒，嘴巴張得大大的，搞不懂婚姻和他們究竟有什麼關聯。

在那個時間點，或許沒有太大的關聯。

》一個決定下半輩子的抉擇

比起之前的20世代，現今20世代單身的時間最長。大多數年輕人從離鄉背井到成家之前，多年來都是隻身一人過日子。許多人會在定下來之前盡情享受人生、和朋友吃喝玩樂、趁死會前談幾場戀愛。有些人則透過朋友介紹、網路交友或在城市某處邂逅，因而找到心儀對象。有的人遵守一夫一妻制，一次只和一人交往；有些人則一次腳踏好幾條船，多多益善。學者和父母憂心婚姻已死、沒人願意認真談感情；如今以性為主的交往成了主流。

然而，這與普遍晚婚的現象有關。現在年輕一代的美國人比父母那一輩晚婚，平均晚了五年，大城市尤其明顯。以第一次結婚的平均年齡來說，女性26歲，男性28歲；換言之，超過半數的成年人過25歲才結婚。

不過，在西方世界，美國還算是結婚人口比例最多的國家。約50%的美國人在30歲之前、75%的人在35歲前、85%的人在40

歲之前成家。即便婚姻對20世代來說感覺還很遙遠，但他們大多數都還是打算在十年內結婚、同居，或是以結婚為前提交往 ——不論男或女、異性戀或同性戀。

走進婚姻或穩定關係的時間不但比以前更晚，就連這類話題也不再熱門。流行雜誌塑造出的20世代文化，是一群對承諾避之唯恐不及的單身男女。然而，關上門後我聽到的卻是完全不同的故事。從那些20世代客戶口中，我從未聽過哪個不想結婚或不想有穩定關係的。這些20世代即使非常忙碌或有份令人稱羨的工作，心裡仍想找個良伴、希望有好的歸宿。只是他們不願公開這樣的心思，怕被視為跟不上時代或政治不正確。就算一些急著想結婚的客戶，也不好意思表態；他們甚至迷信的以為不應該對感情抱持太大期望。因為一般人普遍認為，感情並非我們所能控制的。

相反的，事業則是我們可以預先規劃的。我們在各自的專業領域發揮所長，花費多年努力，工作便能遊刃有餘。在規劃事業時，每當遇到關卡，我們似乎總能找到書籍、課程、學位、諮詢或服務機構幫忙。或許這是理所當然的，畢竟事業對人生如此重要。然而，相較於選擇事業有如此多的資源可用，選擇伴侶或配偶時所能尋求的協助則少得可以。誠如大衛・布魯克斯所說，挑選結婚對象明明是人生中最重要的決定，卻沒有多少資源可供協助。

婚姻之所以是我們人生最重要的抉擇，因為它涵蓋的層面太廣了。以賭局做比喻，規劃事業就像賭21點，在牌桌玩它個十二小時，其間你可以看著手中的牌做出決定，依贏面大小判斷怎麼出牌，你可以放手一搏賭莊家出的下一張牌，也可以選擇保守一點。另一方面，選擇伴侶就像是走到輪盤賭桌前，把你所有的籌碼全押在紅32上。

　　單單選擇伴侶這一個決定，就決定了我們下半輩子：金錢、工作、生活方式、家庭、健康、休閒、退休生活、甚至死亡，全都成了兩人三腳的競賽。你人生中的每一件事，和你配偶人生的每件事幾乎全糾葛在一塊。更殘酷的是，假如婚姻不順利，離婚不像離職一樣說走就走。即便離了婚的配偶，在財務以及教養上，兩人也得綁住一輩子：不僅要支付孩子的學費，還得在隔週週末到對方家門口接小孩。

　　大多數的20世代都能強烈感受到婚姻的重要性。若說「再婚是希望戰勝經驗」，那麼依照研究員傑佛瑞・阿奈特（Jeffrey Arnett）的說法，20世代的第一次婚姻則是「一場勝仗」。今日的20世代有半數父母離異，而且每個人身邊都有認識離過婚的親友。

　　二十世紀時，一般人普遍希望把離婚的影響降到最低。有人婚姻不幸，便開始想像自己離了婚會更快樂，孩子也會比較開心。殊不知這些孩子長大之後，往往會籠罩在「意想不到的離婚陰影下」。父母離異的孩子多半表示，他們當初沒有注意到（或許

是不在乎）父母的婚姻幸不幸福，但清楚記得父母分開後自己的生活分崩離析，原有的資源變少，和父母的關係也漸行漸遠。所以，我們雖然常聽到年輕人想在婚前縱情玩樂一番，但也有不少人懷抱希望，能夠幸運找到終身良伴，不重蹈父母的覆轍。

然而，有些事情晚點做，不代表會做得比較好。這也是為什麼即使平均結婚年齡延後，離婚率依舊維持在40%左右。雖說有愈來愈多的20世代深思熟慮、不打算這麼年輕就栽進婚姻，但也有很多人除了結婚沒別的路可走。如今，時程表已經改了，全新的配套卻還沒出現！

我唸研究所時做過一項大型研究，主要是追蹤100名女性從20歲到70歲的成長變化❻。到了中年時，她們每個人應要求寫下一頁文字，描述截至目前為止最難熬的人生經歷。有人寫的是難搞的上司或是得不到回報的戀情，有的寫身患重病，但更多人寫的是悲慘且折磨她們多年的不幸婚姻 —— 有人以離婚收場，有人則繼續忍受。

這項研究裡的女性在1960年代早期剛滿21歲，其中80%在25歲前結婚。參與這項計畫時，我自己已經快30歲，未婚。我記得當時還很慶幸自己身在晚婚的世代，比她們幸運多了。我那時候相信我們這一代的晚婚族必定會有更美滿的婚姻，因為我們在定下來之前就闖盪過了。然而，現在我才知道，晚點結婚婚姻不

見得更幸福。

晚婚的趨勢也是近幾年才開始流行的，至今仍未有足夠的研究證據可以看出晚婚的影響。可以確定的是，青少年結婚是各種婚姻組合中最不穩定的，加上近期研究證明，我們要到二十幾歲才會完全成熟。於是，我們相信要過了這個年紀才適合論及婚嫁，而且要愈晚愈好。不過，研究結果可不是這麼說的。

最新的研究指出，過了青春期再結婚的確會降低離婚率，但只適用於20~25歲。一旦過了25歲，結婚年齡對離婚沒有絕對的影響。換言之，這些研究顛覆了我們以為愈晚婚愈幸福的想法。

年紀愈大的配偶或許比較成熟，但晚婚也有晚婚的問題。二十幾歲的夫妻，雙方人格都還在成型階段，可以一起成長。相較之下，晚點結婚的配偶人格已趨於定型，加上低承諾以及消極的感情關係會造成壞習慣，侵蝕彼此忠誠的愛。再說，儘管挑三揀四比較有機會找到好伴侶，但時日一久，可供選擇的單身對象會日益減少。

≫「三十拉警報」的壓力

上述這些都是晚婚者會碰上的實際狀況，不過我從客戶那裡聽過最多而且最大的問題在於「三十拉警報」（Age Thirty Deadline）的壓力。「三十拉警報」一年一年悄悄逼近，讓多數的

20世代惶惶不安。就算有些二十幾歲的年輕人還沒想過要交往，甚至不覺得它重要，腦中卻揮不去「我不要到30歲還是一個人」的想法。

到了30歲果真還是孤單一人，整個人便恐慌起來。確切的爆發點與年紀引發的壓力強度因人而異：看是跟誰住，也要看同儕的動向。通常30歲左右的女性比男性感受到更大的壓力，她們擔憂自己太晚成家，也覺得自己施不上力，只能被動等著人家奉上求婚戒指。

就我的經驗來看，「三十拉警報」比較像是「三十請君入甕」（Age Thirty Bait-and-Switch）。29歲時還好好的，一過了30全變了樣，此時才驚覺自己落後太多。換句話說，所有事情在一夕之間全變得不同：本來不急的許諾，如今卻後悔沒早點承諾；本來說到了30歲再來煩惱婚姻的事，如今卻心急如焚，哪裡還有時間認真思考感情的事？這樣驟然的改變只會帶來各種麻煩。

現在讓我們比較看看20世代和30世代的說法，以下是我一些20世代個案的說法：

我約會時從不會想太多，只要那人談話風趣、很會做愛就夠了。其他哪有什麼好擔心的？我才27歲而已。

我愛我的女朋友，我們在一起三年了。不過，我並不打算讓

她搬到我唸研究所的地方一起住。我才二十五歲，現在考慮這些還太早，就算想也要等很久以後再說。

我想在28歲前結婚、31歲前生第一個小孩；可是每次我跟別人這麼說時，總覺得自己很蠢。大家好像都認為，這種事哪容你這樣事先規劃？他們給我的感覺，彷彿我只是個愛玩扮家家酒的小女孩。另外，我男朋友一直說他想在35歲前擁有自己的房子，但有一次我跟他說我想要在30到32歲之間生第一個孩子，他卻回說我太天真，孩子不是說要生就生的，得看我們的事業、經濟狀況以及居住環境才能決定。既然如此，他又怎能計畫幾歲以前要買到房子呢？簡直是雙重標準嘛！感覺上，規劃事業與財務比起結婚生子的計畫還要容易，也實際多了。

我男朋友和我當初會在一起，是因為我們倆都要搬去西岸。為了方便，我們到了西岸就住在一塊。我們都很愛划小艇，也有很多共同興趣，但我們不是認真在交往，我不可能嫁給他。

我很愛我男朋友，而且想嫁給他。但我覺得周遭的人應該都不贊成我這麼早婚吧！於是我和男友一天到晚分手，跑去和別人約會，最後還是講和，再度回到彼此身邊。我們兩人都不願意承認對方就是對的人，彷彿這麼說是不對的。

我有許多像這樣的20世代客戶，要不認為自己不需要認真交往，要不就擔心周遭親友不認同。然而，到了30歲上下的某個時點，結婚頓時變成非做不可的事。

　　以下讓我們聽聽看我那些30世代客戶的說法，其中有些人的年紀只不過比前面那些個案大一、兩歲：

　　每次在臉書上看到有人將感情狀態改成「已訂婚」或「已婚」時，我總是非常驚慌。我甚至確信，臉書創始的目的是讓單身的人覺得自己過得很悲慘。

　　我爸老是唸我：「不要變得跟貝蒂阿姨一樣！」她至今仍小姑獨處。

　　每次男朋友到別的城市，一去就是一整個週末、甚至一星期，天呀！一整個星期耶！我總覺得少了這一週的相處，他就可能晚一週向我求婚。真希望現在就趕快定下來呀！

　　我可不想變成酒吧裡的禿頭大叔，朋友一個個都結了婚，只剩我一人獨自喝悶酒。

　　我男朋友去年在聖誕樹下放了一枚戒指，但不是求婚戒，我

到現在還很火大。

週末晚上本來玩得很開心，可是當所有夫妻檔起身準備離開時，那種感覺真是糟透了！彷彿我們是剩男剩女一樣。所以，我每次都設法提早走。

下週就是我的生日，但我一點都不想慶祝。我才不想讓男朋友認為我又老了一歲，快生不出來了。

我只想趕快找到如意郎君，其他無關的事只會浪費我的時間。

我交過最棒的男朋友是在我25歲左右交往的，不過當時我不認為自己應該定下來。現在好後悔當年錯過一些想定下來的男人，如今要找到合適對象結婚好難，嫁得出去就偷笑了。

我有個客戶將「三十拉警報」的憂慮描繪得相當傳神，她是這麼說的：

二十幾歲時，約會對我來說就像玩「大風吹」，大家在場中跑來跑去，玩得不亦樂乎。然後等我到了30歲時，音樂驟然停止，每個人開始找位子坐下；我可不想成為那個找不到座位的

人。有時我在想，我會嫁給我的老公，會不會只是因為在我30歲時，他的位子離我最近？假如當時多等一陣子，會不會碰到比現在更好的人？或許會，但風險似乎太大了。我多麼希望自己當初能夠早一點開始認真考慮婚姻的事，從二十幾歲就開始。

≫ 不要談沒有結果的戀愛

〈愛情篇〉各章，重點不在「30世代該找最近的座位坐下？還是繼續再找別的座位？」也不在「30世代應該趕快定下來？還是繼續東挑西揀？」市面上不乏這類議題的相關書籍和文章，而且意見分歧。

在這篇我想說的是：20世代男女**不該**定下來。我所謂的「不該定下來」，是指不浪費時間在隨隨便便或低於自己標準的戀情上。換言之，不可能或不想開花結果的戀情就不要談。此外，〈愛情篇〉裡我希望提醒20世代，現在就開始慎重挑選交往的對象，**不要**等到30歲、接到朋友一張張的喜帖後，才來重視這個問題。

接下來的章節裡，會建議你們趁著頭腦還能冷靜思考時，謹慎選擇做正確的事，認真過自己的人生。此外，感情也和工作一樣，即使我們準備好了，它不一定會馬上出現。我們得用心嘗試好多次之後，才可能了解到愛與承諾的真諦。

當我二十幾歲在研究不幸婚姻的同時，我接到的第一個分析

個案是26歲的女子艾莉克絲。知道自己分配到這樣的個案時我鬆了一口氣。因為當時我才離開研究所不久，還不夠專業，不過同為20世代，我有自信掌握得了。

艾莉克絲並沒有情緒失調的問題，會談時她總會分享一些有趣的故事，我只是自然而然邊聽邊點頭，遲遲沒有引導她切入正題。我的工作就是認真看待艾莉克絲二十幾歲的人生，但當時我並不知道。

我的指導老師對我說，電視節目裡常看到治療師邊聽邊點頭，都是刻板印象；若我真心想幫助諮商對象，必須少一點耐性。這對我來說真是好消息，因為我本來就很沒耐性。但我不知道究竟哪裡要再少一點耐性？難道我的指導老師沒聽過嗎？像我和艾莉克絲這樣的20世代，工作延後、婚姻延後、生孩子延後、連死亡也延後了。現在的我們，什麼沒有，時間最多了！

對我而言，艾莉克絲的二十幾歲生涯雖然過得很苦，但無關緊要。我以為，她真正的人生還沒開始呢！她當時一直在換工作，男人也一個換過一個。她沒打算生養小孩，也不準備找份穩當的工作。

當指導老師敦促我著手處理艾莉克絲目前的感情關係時，我還反駁：「她是在跟條件很差的男人交往沒錯，可是這又不表示她會嫁給他。」

指導老師則說：「的確還沒有，但她可能會嫁給下一個男

人。無論如何，要讓艾莉克絲有個幸福的婚姻，必須趁她還沒結婚之前幫她一把。」

我聽了啞口無言。

---

❻ —— 米爾斯縱向研究（Mills Longitudinal Study）是一項長達五十年的成人發展研究，追蹤 1960 年代初畢業於加州奧克蘭米爾斯學院的一百名婦女，米爾斯研究是世界上最長壽的婦女相關研究之一，相關學術著作就有一百多本。此項研究目前由加州大學柏克萊分校負責，並由 Ravenna Helson 和 Oliver P. John 二人主持。

是挑對象，
也是選家人

其他事物或許會改變我們，但我們終其一生都和家人息息相關。
—— 安東尼・勃蘭特（Anthony Brandt），作家

  在心理健康的領域裡，最低功能與最高功能這兩個族群的患者，通常受到的照護最差。最低功能患者向來有嚴重的情緒問題，只能維持病情不再惡化但無法治癒。而且，由於這類患者的家庭多半是低收入族群，因此通常無法接受到高品質的照顧。另一方面，最高功能患者資源向來很多，包括家人、學校，必要時家人和學校還會替他們找來私人治療師。

  通常，治療師稱這類的高功能患者為YAVIS：年輕、有魅力、健談、聰敏、成功（young, attractive, verbal, intelligent, and successful）。擁有這些特質的人，到哪裡都吃得開，心理諮商時也不例外。所謂年輕，照某個同事的說法是指「你的人生還沒有

被你搞砸」。健談可以讓你輕鬆獲取朋友和上司的喜愛，可能還帶來更高的社會地位。聰敏有助於問題的解決，也能帶來成就、甚至高階職位。成功人士通常自信滿滿。關於魅力，誠如亞里士多德說的：「美貌就是最有力的推薦信。」所以，YAVIS患者幾乎走到哪兒都受歡迎，當他們踏進諮商室，立刻就滿室生輝。

儘管年輕、聰明又迷人，人生的路同樣會時好時壞。順利的時候，他們可能會因為高處不勝寒的孤寂感，而進行一陣子的心理諮商。不過，這種問題多半很快就獲得紓解，幾次之後他們便可回到常軌。

即便他們的內心滿是折磨，外表依舊光鮮亮麗。由於內外落差太大，大多數心理醫師也難以處理。因為我們很難想像，看起來如此完美的人，怎麼會有這麼不完美的人生？於是，心理諮商過程中，外在形象反而阻礙他們獲得應有的協助。換言之，他們寄望心理醫師處理他們不順利的那一面，心理醫師卻讓他們順利的那一面給蒙蔽了。許多人年紀輕輕就事業有成，通常是為了求生存非成功不可；他們當中有些人善於隱藏自己的困擾、善於「硬撐」。

》空白的「緊急聯絡人電話」

艾瑪就是這樣。她生長在一個勉強稱得上中產階級的家庭

裡，幼時家境還算不錯，但後來就像許多家庭一樣，家道突然中落。父親積欠大筆卡債，母親從原本只喝社交酒演變成酗酒。父親工作沒了之後，便自殺身亡。艾瑪表面上沒事一樣，學校和朋友都看不出來，她的內心其實充滿悲傷。

我第一次看到艾瑪就喜歡上她，像她這麼有活力的人，任誰看到都會喜歡吧！多年來，她一直都以「香草20世代」（vanilla twentysomething）自居 —— 用甜美愉悅的口味餵食這個世界。她和每個人都處得來，精通許多事物，什麼事都願意做。她剛開始的幾次會談也同樣非常愉悅：總是準時赴診，而且會談開始時會先關心我好不好。

有一次，艾瑪記錯時間，提前一小時來。那時我和另一名客戶有約，艾瑪只好在候診室等候。輪到她時，她一走進房間就緊張的說：「我這麼早就跑來了，你一定覺得我有什麼嚴重的問題吧！」我則笑笑回她說：「你說呢！」

艾瑪靠著椅子重重坐下，突然哭了起來。哭了一會兒才終於抬起頭說：「我覺得自己是全世界最孤單的人。」聽她這麼說，我更加疼惜她了。

艾瑪一直在痛苦硬撐，她覺得自己就像在假冒別人過日子。她雖然就讀一流學府、表現出色，但覺得自己格格不入。況且，她的家庭生活背景和別人有天壤之別，她從來不願談起她的家庭。只有在我辦公室裡，她的過去與現在才會同時出現。接下來

幾年，我聆聽艾瑪談論她過去的經歷，以及它們對她現在的影響。艾瑪雖然以優異成績畢業，卻沒出席畢業典禮，不像其他同學的家人帶著花束歡慶，還帶他們去吃大餐慶祝。還沒畢業她就找到一份不錯的工作，一畢業就搬到別州去了。我替她高興，同時也為她難過。

過了幾年，艾瑪又搬回舊日的大學城，再度回到我這裡諮商。她現在的問題是，即便有家人也跟沒有一樣，她才二十幾歲，不想像孤兒一樣過大半輩子。她心力交瘁，所幸有好友相伴。她雀躍的對我說：「雖然沒法挑選家人，但可以選擇朋友。」可是這話說得很心虛。

艾瑪的朋友都很好，他們會對她說：「有事隨時找我！」「把我當你的家人呀！」然而，從小沒有兄弟姊妹的她，知道朋友畢竟不是家人。朋友可以和你促膝長談，一起哭一起笑，但到了假期或遇到困境時，每個人都回到家人身旁，只剩艾瑪孤單一人。

有一回她來諮商時，把頭埋在腿裡哭了快一個小時。因為她剛買回一本新的通訊錄，等填完一堆個人資料，到了「緊急聯絡人電話」這一欄，卻只能愣在那裡，不知能寫誰的名字？她幾近歇斯底里的望著我說：「我若是出了車禍，要聯絡誰過來？若是得了癌症，誰會來陪我？」

要不是出於職業要求，我真的很想對她說：「我會！」但我

也知道，這麼說只是讓我自己心裡舒坦而已，對她沒多大幫助。於是我誠心誠意對她說：「我們一起想辦法替你建立一個新的家庭。」

此時的艾瑪已經二十八、九歲，和目前的男友交往將近一年。對她的工作我非常了解，男友知道得卻不多。我只聽她說過「他還好」、「他很風趣」、「我們在一起很快樂」之類的話。像她這樣深感孤獨的年輕女子，這種關係似乎不足以撫慰心靈；又或許是她說得不夠多，所以我請她試著多說一點男友的事。

她說男朋友不太說話，常看電視，不喜歡工作。個性善妒，有時會對她大吼大叫。我聽了很不開心，也老實告訴艾瑪我的感受。

「你對工作懷抱雄心壯志，怎麼對感情卻如此隨便？」我問她。

她表示：「我非得要靠一份好工作才活得下去，但不敢奢望能得到一份美好的感情，那是我怎麼努力也不可能得到的！」

我回她：「不是這樣的。」

那些成長背景極為艱辛的個案，通常不懂得如何獲得他們理想中的愛情。然而，他們比別人更需要加倍謹慎，更需要一個好的伴侶。

某個星期一，艾瑪來找我，說她上個週末第一次和男友父母見面。然而，連著兩晚她都埋在枕頭哭泣，異常思念她的前男

友。我聽了很驚訝，因為艾瑪和前男友感情很糟。不過，我記得她說過她非常喜歡前男友的家人。他們會一起歡渡假期，做些好玩的小事，像是一起看電影、吃晚餐、看報紙。

我問艾瑪她和現任男友家人都做些什麼事。她表示，他父親是天文學家，一整天幾乎都待在外頭看望遠鏡；她母親則是一直在看電視。他父母親對兒子或兒子的女友非常冷淡，這一點讓我不敢領教。

「艾瑪，你說過家人不能挑選，但朋友可以，還說成熟的大人就是這樣。如今，你有機會挑選家人，但是我覺得你現在選到的不是對的人。」

艾瑪雙眼充滿淚水，直視窗外：「我怎能期待我男友的父母有多完美？我自己的就不完美呀！」

「你說得沒錯，沒有哪個家庭是完美的！可是難道你不覺得在見到他父母後流下的淚水，意味了什麼嗎？」

「是呀！我一點也搞不懂我男友的家人。」

「你或許認為，有了孩子以後就會有家的感覺。但這很難做到，連你自己都沒有得到過的東西，要怎麼給予你的孩子呢？你要知道，一個好的伴侶可以讓你重新得到一個家庭。」

於是，艾瑪開始對家庭有了憧憬與規劃。她夢想找到一位貼心又能幹的老公，和他生一、兩個小孩。她甚至還想像有一對愛子愛孫且密切往來的公婆，希望能夠三代一起到海邊渡假，在沙

灘上堆沙堡。

艾瑪與男友談他們感情的未來。她男友30歲了，還不確定自己想不想要小孩。而且他希望盡可能少和父母親或任何人的家庭接觸，他不希望家人阻礙他想做的事。

於是，艾瑪和他分手了。對此她一笑置之，還說她的際遇就像之前她看過的一則《洋蔥報》（Onion）頭條（譯注：美國知名網路報紙，刊登的全是捏造不實的新聞）：「和男友父母共渡週末可以看出很多真相」，不過，我知道她心底還是很恐懼。

揀選你自己的家人有時的確會讓人心生恐懼，它一點也不羅曼蒂克。但你不能什麼都不做，只是枯等真命天子（女）的出現。你必須很清楚，你所做的決定關係到下半輩子；你必須慎選對象，這人不只要跟你走過20世代，還要能夠陪你渡過未來幾十年的日子。

對感情沒有絲毫戒慎恐懼的20世代，通常表示他們沒有遠見。因此，雖然我不希望看到艾瑪恐懼，但我知道恐懼對她是有益的。這表示她看重愛情的程度，和她對工作的重視變得一樣多。

≫ 慎選影響下半輩子的家人

人家第一次看到我的兩個小孩時，多半會說：「王者的選擇！」因為我剛好生了一兒一女。假如我是國王，我的兒子可以

繼位治理王國，女兒可以嫁到對我國有利的友邦聯親結盟。把這兩位生長在二十一世紀的孩子聯想到這樣的情境，實在是很奇怪，畢竟他們長大以後的人生將由他們自己決定。再說，光是想到為了商業利益把女兒嫁掉，我就豎起一身寒毛。不過話說回來，過去數百年來，婚姻向來不就是兩個家庭的結盟嗎？

今日我們視婚姻為兩個個體之間的承諾，西方文化通常又強調個人，在所有領域幾乎都鼓勵獨立自主。我們重視權利多於責任，重視選擇多於義務 —— 婚姻尤其如此。於是，除了少數例外的知名婚禮，現代人對婚姻的選擇再自由不過了：要不要結？和誰結？何時結？怎麼辦婚禮？全都由你個人決定。難怪現在有這麼多不幸的婚姻，許多人開始體驗到自行決定人生最重要抉擇的後果。同時，感情關係裡過分重視個人的結果，反倒讓我們忽略了20世代最大的機會：揀選並創造我們自己的家庭。

像艾瑪這樣來自於破碎家庭的個案，認為自己注定要不幸。他們從小到大都以為家庭不是自己能控制的，或是以為自己不配擁有家庭。他們以為唯一能做的就是找朋友、治療師或男女朋友尋求安慰，或是一起咒罵家人。沒有人告訴艾瑪這樣的20世代，他們隨時都可以揀選自己的家人，創造自己的家庭，擁有一個改變人生的家庭，一個徹底影響下半輩子的家庭。

艾瑪後來又搬離這裡，在另一個大城市找到一份不錯的工作。她對家庭非常看重，下定決心要彌補之前所失去的。大約三

年後，艾瑪結婚了，終於有第二次機會得以擁有一個理想家庭。聽她描述，她和先生的感情很好，目前有一個小孩。她的公婆在他們家附近買了一間公寓，為了就近幫忙照顧孫子，同時可以常和他們見面。她兩個小姑也住在附近，他們常相聚吃晚飯閒聊，也常到海邊渡假。

現在她竟然發現，緊急聯絡人電話的欄位對她來說好像太小了。

同居是方便
還是承諾？

物盡其用是超級爛的因應方式。我的人生總得不斷從那樣的流沙中逃離。

——蘿絲·懷爾德·藍恩（Rose Wilder Lane），作家

　　32歲時，珍妮佛的父母花大把鈔票替她辦了一場酒莊婚禮，會場裡布滿粉紅色鬱金香，而且音樂很棒。在那之前，珍妮佛和卡特已經同居三年多。參加婚宴的除了親友，還有兩條狗。

》適得其反的「同居效應」

　　珍妮佛開始來我這裡諮商時，大約是婚禮後的六個月，她才剛寫完謝卡，同時準備打離婚官司。卡特已經不住在家裡，四處在朋友家打地鋪，他們分居的消息早晚會傳開來。珍妮佛說她覺

得自己像個騙子，她哭訴：「我花在籌備婚禮的時間那麼長，誰料到婚後的幸福如此短暫？」

每次看到珍妮佛時，她總是一副剛開完公司會議，宿醉卻還沒完全退去的模樣：打扮得禮，卻常看起來疲憊不堪、衣冠不整。她自頂尖名校畢業，最近開始從事公關事業，但依舊愛四處跑趴、縱慾玩樂。

至於卡特，他沒有稱得上專業身分的經歷，一天到晚換工作。他大四那年輟學，與自組的鄉村樂團巡迴演唱。樂團後來解散了，但他對音樂的熱愛絲毫不減，之後便四處擔任音控師和樂團公關。珍妮佛和卡特總愛談最近又有什麼新表演可看，在朋友圈裡，可說是最酷、最前衛的一對情侶。

婚禮過後，話題變了：房地產仲介找他們詳談房貸的細節，他們擔心生小孩對財務會雪上加霜。珍妮佛希望在孩子還小時兼差工作，因此期盼卡特能多賺點家用。她想搬回新罕布夏州，那裡物價比較便宜，而且她父母可以就近照顧。卡特則不想搬離這裡，最好永遠都住在這。於是他倆原本有趣的生活，變成一灘失去活力的死水。

最讓珍妮佛難過的是，她覺得自己一直以來都想把每件事做好。「我父母很年輕就結婚，他們好像才約會六個月就結婚了，據我所知，我媽到婚前都沒有性經驗。這樣他們怎麼知道彼此合不合適呢？像卡特和我比較晚婚，還同居了差不多三年，怎麼還會

發生這種事？」她用面紙拭去淚水。

在心理諮商界，有句諺語是這麼說的：「你走得愈慢，愈快到達終點。」有時候，幫助別人最好的方式是讓他們慢下來，慢到足以檢視他們自己的想法。每個人的論點都有縫隙，若能停下來，用一道光照向這些心靈缺口，會發現那些驅使你做出反應的往往只是假設，你卻不自覺。珍妮佛講話時，很容易讓人聽出她的假設：「同居是婚姻的試金石。」然而，這是常見的迷思。

過去五十年間，美國的同居率已竄升十五倍以上。1960年時，約莫有50萬的未婚情侶同居；如今這個數字已快達800萬。今日的20世代，大約一半的人在二十幾歲期間至少有過一次同居經驗，有一半以上的婚姻是從同居而來。這樣的轉變多半是由於性革命以及節育方法的普及，當然也與年輕人的經濟考量有關。不過，你若是和20世代談這件事，聽到的會是不一樣的版本：「同居是為了預防離婚。」

一份全國的代表性問卷調查指出，將近一半的20世代同意下列的說法：「對方願意先和你同居，你們才有可能結婚，也才能試看看彼此是否合得來。」此外，有三分之二的20世代認為，婚前先同居，可以有效避免離婚。

珍妮佛也有這樣的想法，她不想像自己父母一樣，年紀輕輕就倉卒結婚，最後落得離婚收場。她覺得只要晚婚又先和伴侶同

居的話，應該會有比較幸福的婚姻。但事實上，先同居再結婚的伴侶，在婚姻滿意度上比沒同居過的伴侶**更低**，也**更容易**離婚。這就是社會學家所謂的「同居效應」。

同居效應讓許多研究婚姻的學者傷透腦筋。有些學者不得已只好解釋成：「同居的人通常比較前衛，對離婚也比較無所謂。」可是研究指出，同居效應不能完全用個人特質解釋，它和個人的宗教信仰、教育程度或政治理念毫無關連。同樣的，依我個人諮商的案例來看，也不是說自由主義者就會同居，保守派就一定不會。事實上，同居的熱潮同樣在紅藍各州持續發燒——在別的西方國家也是一樣。（譯注：在美國選舉中，民主黨人贏的州稱之為「藍色」州，共和黨人贏的州則為「紅色」州。）

那麼，同居效應背後的原因究竟是什麼？為何先同居再結婚比較容易離婚？最新研究指出，問題應該出在同居本身。

》》順勢，而非決定

珍妮佛和我試圖找出「怎麼還會發生這種事？」的背後原因。

在多次的諮商裡，我們討論到她和卡特是怎麼從約會進展到同居的。誠如研究結果顯示，大多數情侶表示「自然而然就發生了」。珍妮佛也不例外，她表示：「這麼做方便多了，我們付了兩份租金，卻常到對方住處過夜；而我也老是把上班用的東西留在

另一個地方。我們成天都想窩在一起，所以這樣做的話既省錢又省事。我們很快就決定住在一塊，反正日後發現不合適，要分開也可以很快。」

珍妮佛說的就是所謂的「順勢，而非決定」：從約會到過夜，再從太常過夜到同居，形同慢慢滑下緩坡一般，不需要戒指、婚禮，有時甚至連談都沒談過，許多伴侶不願意面對面談論想同居的原因，也不去談它代表的意義。

當研究人員詢問20世代想同居的原因，女性多半回答想要有愛人相伴，男性則多半回答要做愛更容易。一對情侶對同居有兩種不同期許，卻沒說出口，甚至連自己都沒意識到，這種情況並不罕見。不過，男女倒是一致認為，對同居人的要求比對配偶的標準低。

我問珍妮佛是不是順勢滑進與卡特同居的狀態，並問她相較於訂婚或結婚，同居是否比較不用想太多。

她表示：「這就是癥結所在。同居**不是**結婚，所以想或不想都無所謂吧！」

「那你現在回想，當初你為什麼想同居？」

「我想我只要有美好的性愛、好玩的週末、一群很酷的朋友、比較便宜的租金。」

「你當時對同居有什麼顧慮嗎？」

「我腦中有個小小的聲音不斷告訴我，卡特在工作上還不成氣

候。我猜我當時可能認為住在一起後，可以測試他處世的認真程度。不過我到現在才發現，我們兩人從來沒有認真看待同居這件事。玩音樂讓他成為最佳的 20 世代男友，他的生活基本上建立在玩樂之上，我們的生活也是以玩樂為主。」

就像大多數同居的 20 世代，珍妮佛和卡特選擇住在一起，比較像是從大學室友變成炮友，而非一對互許終身的伴侶。他們心中有個模糊想法，利用同居測試彼此的感情，卻不敢涉足婚姻相關的領域：他們沒有房貸、不打算懷孕、不想半夜起來照顧小孩、不願勉強與彼此父母共渡假期、不必存大學學費和退休基金、也不用查看對方的薪資單和信用卡帳單。同居有它的好處，但和婚姻還差得遠呢！這種情形在 20 世代**尤其嚴重**，因為大家都公認二十幾歲就是要盡情玩樂。

「同居之後發生了什麼事？」我問珍妮佛。

「差不多過了一年還是兩年，我開始思考我們的未來。」

「到底是一年？還是兩年？」我請她說清楚。

她回答：「我不知道……」

我表示：「所以時間也變模糊了。」

「一點也沒錯！凡事都變得模糊不清，這種含糊不明的處境到後來把我搞得非常沮喪。我覺得自己年復一年都還在妻子試用期內，不知什麼時候才能成為他的正式妻子？這讓我很沒安全感！這段期間我們常攻於心計，也有很多爭吵。我從不認為他真的想

跟我定下來，就連現在也不覺得，真的！」

珍妮佛的恐懼或許其來有自。要探討原因，得先弄清楚一件事：同居效應嚴格說起來算是「訂婚前的同居效應」，而非「結婚前的同居效應」。**訂婚後**先同居的未婚夫妻，已經公開且清楚表態走入婚姻的決心，因此日後的婚姻不會比起婚前未同居的夫妻不幸或動輒離婚收場。換言之，他們並未遭受同居效應的衝擊。

反倒是那些**訂婚前**就同居的伴侶，比較容易經歷到溝通不良、感情承諾不夠、波折的婚姻等問題。許多研究結果指出，訂婚前便同居的情侶，對家庭的奉獻度比較低，不論是婚前婚後都一樣——這種情形尤其常見於男性。建構在「或許我們會結婚」的生活，比起建構在「我願意」的婚姻上或「我們將要結婚」的訂婚儀式上，對彼此的承諾當然少得多。

我和珍妮佛繼續談論她和卡特是怎麼從同居走到婚姻的，畢竟在這個轉折過程充滿了抉擇與儀式，不太可能就這樣自然而然發生。

珍妮佛翻了翻白眼說：「我們的婚姻當然**不是**自然而然發生的，我得在每個環節推卡特一把：準備婚戒、決定日期、場地、邀請函……每一件事都要。」

「你為什麼要那麼辛苦？」

「他還沒準備好要當老公，不過我們的生活本來就過得不像成

年人。我還以為，我們結了婚就會像大人一樣。」

「那是你一廂情願。」

珍妮佛僵笑的說：「我只是希望會成真，我當時還想，我有其他的選擇嗎？」

「你可以跟他分手呀！」

「感覺上並沒那麼容易啊！」

「你不是一直強調分手可以很快嗎？」我問。

「那種感覺就像陷在流沙裡。」珍妮佛鬱卒的表示。

≫ 同居的準備成本與轉換成本

珍妮佛用流沙做比喻，我一點也不驚訝！滑進同居狀態後，若也能同樣輕易滑出來，問題就不會這麼大。重點是沒那麼容易。

有太多20世代在進入原本以為低成本、低風險的生活後，才驚覺陷在裡頭出不來，一待就是好幾個月或好幾年。感覺上就像申請了一張第一年利息零利率的信用卡，但一年期限才剛到，利率就調升到23%；一時之間你付不出高額卡費，也來不及轉到別家信用卡以較低利率代價，於是卡住無法動彈。事實上，同居正是如此；這種情況在行為經濟學上稱之為「顧客鎖定」（consumer lock-in）。

所謂的「鎖定」，是指一旦投資了某樣標的，便不太想再尋

求其他選擇或換到別的標的物。最初的投資——即「準備成本」（setup cost）——可大可小，可能是一張表格、入會費、線上開戶得搞定的麻煩事、買車的頭期款。通常準備成本愈高，我們之後愈不想換到其他選項，即使比原來的選項好也不想。就算原本的投資很小，也可能導致鎖定，尤其是當我們面對可能發生的「轉換成本」（switching cost）時。

轉換成本複雜多了，它可能是時間、金錢或是為了轉換必須付出的努力。我們投資某件事物時，當下不會太在意轉換成本，因為它們可能不會發生，就算發生也是以後的事。用想像的總是容易多了：反正到時再申請一張新的信用卡，或期限到了再來處理解約的事。問題是，等時間真的到了，眼前的轉換成本往往比之前想像的大多了。

同居就包含了準備成本與轉換成本，兩者是鎖定的基本元素。住在一起很好玩又可省錢，但仍隱含了準備成本：分攤一半的租金，兩人開心共享無線網路、寵物，還可一起採購新家具。這些全是準備成本，日後都會左右我們離開的意願。

像珍妮佛就說：「家具是我們合買的；我們一起養狗，也有共同的朋友；我們有固定的週末行程。正因為這些，實在很難說分就分。」

在我向珍妮佛說明鎖定的概念後，她深吸了一大口氣：「在十幾歲時，我不能理解為何我媽明明不開心卻遲遲不離開我爸，

因此我對她總是沒好臉色。不過，現在我比較能體會她的心情了。要離開一段同居關係真的不容易，何況她還要為兩個孩子著想。像我會和卡特住在一起，是因為我自己買不起新沙發。」珍妮佛後悔不已的哭了起來。

看著珍妮佛愈哭愈傷心，我說：「買一張新沙發對20世代來說，感覺上像是個難以超越的障礙。不過，我猜不只是沙發，想必還有別的轉換成本吧？」

珍妮佛想了一會兒，回說：「年紀一變大，轉換成本跟著全變了。我們剛開始住在一起的時候，我才二十幾歲。當時我以為只要我想，就可以輕易搬離這個家。可是一過30歲，所有事情感覺都不一樣了。」

「30歲過後，重新開始的轉換成本似乎變大了！」我表示。

「其他人都結婚了，我也想結呀！回想起來，我和卡特會結婚可能也是因為我們倆都剛滿30歲，而且又同居一段時間了。」

我說：「過了30歲，趕快結婚比較重要，婚姻會不會幸福反而變得其次。」

珍妮佛吸了吸鼻涕說：「我實在不好意思承認，但事實上，我真的不太在意我們的婚姻會不會幸福。我還想說，就算最後分開，至少我跟別人一樣結過婚了，至少我有跟上進度。」

「所以你先是低估了同居的轉換成本，接著又低估了結婚的轉換成本。」

「沒錯！離婚比我想像的嚴重多了。我並不後悔和卡特在一起，但真的希望一開始沒有跟他同居，要不然也該在事態還沒像現在嚴重之前離開他。現在我還是得重新來過，而且情況比當初嚴重太多了！」

我提醒她：「不過，你總算要解除鎖定了呀！那你現在進行得怎麼樣？」

「我得看清很多事實：二十幾歲時，卡特是個很棒的男朋友，但三十幾歲的他並不是個好丈夫，他也從不打算努力。可是我已準備好要長大，我有一份不錯的工作，也想有個家；但對於這些，卡特全都沒準備好。我不知道他會不會有準備好的一天？那一天是否在我可以接受的時間範圍內？不知怎地，這一切直到我們成為實質夫妻才突然變得真實、有實質的意義。當婚禮的興奮感褪去，只留下我們未來的現實景況：未來不再是未來，而是現在。」

就我諮商經驗看，珍妮佛不是唯一後悔同居的個案。有些人希望一開始就不該同居，本來可能幾個月就會分手的戀情，居然因此拖了好多年。有些20世代或30世代的個案剛開始是為了想對感情認真，到後來也搞不清楚自己怎麼會選擇這樣的伴侶。基於方便和曖昧而開始的感情，往往會干擾我們、讓我們無法認清誰才是真愛。每個人必須篤定的知道，我們會和伴侶結婚是因為真心想在一起，而不是因為在一起很方便或是分手很不便才結婚。

同居伴侶可以說分就分，而且比起結婚伴侶更容易。然而，許多像卡特和珍妮佛這樣的同居戀人並不會分手。他們從約會狀況滑進同居，然後鎖進婚姻裡。結婚對他們來說似乎比起瓜分家具、重新開始容易，尤其當周遭朋友一個個都結婚以後。

　　一旦單身男女對這樣的情況愈清楚，愈能看清同居的真相及其局限。我並不是贊成或反對同居，只是希望20世代能夠看清事實：同居不但不能防範離婚，還可能增加你與伴侶鎖定的機率，就算對方不適合你也一樣。

　　某些事有助於降低同居效應的衝擊：首先，千萬不要在訂婚前同居。這不是我個人的建議，研究報告指出，同居之前必須先確認彼此是真心承諾的，同時要事先評估有哪些事會牽制你們分手時的決定。

　　何況，測試感情的方法不光是同居一種，例如可以共同做許多活動，不要只是約會和做愛。

斬斷爛桃花，
因為你值得

人與人的對話被視為創造社交世界的元素，一如因果關係創造物理世界。

——羅姆‧哈瑞（Rom Harré），心理學家

　　凱西十幾歲時，每回出門前，總得忍受母親不滿意的批判目光，不是叫她換另一套衣服，就是挑剔她身材不好。父親也老是說她「太超過」、「太大聲」……，總之她什麼都太**怎樣怎樣**了。每當晚上和父母大吵完，凱西總會睡在房間地板上，塞上耳機聽著iPod。隔天早上她會準時醒來，接著被送進學校，但學校也好不到哪裡去。

　　凱西的母親是韓國人，父親是白人，在家裡他們盡量不談論種族問題。凱西成長過程裡，父母教導她「膚色不是問題」，說他們有多慶幸生活在「後種族社會」裡。然而，社會上、還有學

校裡的人，可不是用「後種族」的態度在對待凱西的。凱西唸高中那些年，總是被貼上文化的刻板印象，以為她就是安靜不講話的學生，但這與她真實的個性完全相反。後來，凱西到南方唸大學，在那裡金髮甜姐兒才稱得上美女，於是她就像個沒人注意的醜小鴨。

如今，凱西是一名開朗的國小老師，卻老是與條件配不上她的人約會。白天，她認真投入教學，還出版過一本青少年短篇故事集，目前正在寫第二本。到了晚上，她過的是截然不同的生活。她從來不挑男友或性伴侶，而是任由他們挑上她。只要有男人表示好感，她幾乎來者不拒，甚至有時做愛不戴保險套。她還常常回應半夜兩點傳來要「炒飯」的簡訊，至於為何那麼晚才找她，對方隨便呼攏的藉口她也接受。對每一個來釣她的男人，她抱持的態度向來是：「搞不好這人會是我的真命天子！」

≫ 充滿憤怒與絕望的影子

當我對凱西說，我覺得她和男人的交往模式並不恰當時，她不以為意的說：「這只是練習而已，二十幾歲就是要多多綵排呀！」

我表示：「可是看你練習成什麼德性！想一想，你綵排的是什麼角色？」

「這又沒什麼大不了的！」她想也不多想的回說。

不過，當我問凱西，若是她學生長大以後也是這樣的交往模式，她會怎麼想？她的態度則收斂許多：「我不希望班上的小女孩以後變成那樣。」

我追問：「那為什麼你自己就沒關係？」

「我知道這些男人當中有人對我是真心的，只不過沒有認真到可以當我的男朋友。」她企圖自我辯解。

我說：「太可憐了吧！」

她聳了聳肩說句「無所謂！」同時把目光轉開。

我繼續說：「我不相信！我不相信這樣會無所謂，我也不認為你覺得無所謂。」

凱西的偽裝之所以會遭識破，是因為她不太願意談論男人。她從不談最近交往的男人，總是直到分手後心碎我才會知道。而且她會美化兩人初次的約會情景，之後就輕描淡寫帶過去，充其量說些在某人辦公室做愛之類的瑣碎事情。倘若她真的享受後現代的性自由，何必這樣遮遮掩掩？

我問凱西，她那位多年的好友怎麼看待她和男人之間的關係。只見她結結巴巴，不知如何回答：「沒、沒有呀！嗯……我的意思是，她完全不知情。」

我驚訝的說：「她不知情？！」

凱西回答：「不知情！我從沒想過要告訴她。」連她自己都

覺得訝異。這事對我來說不太尋常：她並未**選擇**不把自己交往的事告訴最好的朋友，而是從沒想過要這麼做。在我心裡，我暗自標註了「羞愧」二字。

我問凱西，這麼多年來，她都找誰傾訴？她表示：「我都跟不同的人講，但只講一小片段。我想，一次聽完整的故事對任何人來說都會吃不消吧！真實的完整故事，我向來只對我的音樂傾訴。」

「怎麼傾訴呢？」我追問。

凱西表示，她的iPod裡頭播放的全是與憤怒與受傷有關的歌曲。她很少說出自己的感受，於是她聽歌手唱出她的心聲；她誠實的說：「有時候搭公車上班時，我會想著，沒有人會相信我現在正在聽這種音樂，也沒人相信我腦袋裡正在想的事。」就像iPod廣告裡頭，某個剪影人形安靜的走在路上，映照在背景牆面的倒影卻瘋狂舞動著；凱西的二十幾歲生涯也是如此 —— 外表是個快樂的老師，影子卻充滿憤怒與絕望。

我對凱西提到iPod廣告的聯想，她表示這就像是她的人生，分裂之後，她無法再將這兩半重新拉回一塊。凱西擔心有一天她的倒影會在不該出現的場合出現並取代她，然後毀掉所有的一切。她同時也害怕自己從此被困在快樂的表象下，找不到出口，沒人得以了解她真實的面貌。

在精神分析的訓練過程裡，我學到的其中一門寶貴功課，就是臨床醫師瑪殊・康（Masud Khan）所說的：「最難治療的是病患想要自我療癒的企圖。」幾乎沒有人的人生是完美的，只不過年輕人恢復力強，所以大多數人自己靠著適當的方法解決困難。他們的方法或許過時、不甚完美，但至少可以解決困難，只是這類方法通常很難說戒除就戒除。

自我療癒有些看起來無害或是隱密進行的，像凱西利用音樂和男人來撫慰自己就是一例。但有些自我療癒則顯然會出問題，像是用割腕、狂歡、嗑藥來麻痺自己。通常到了二十幾歲某個時期，生活產生變化後，舊的方法不再適用、甚至還會誤事。以前曾讓我們感覺變好的事物，如今卻成了眼前的障礙。總不能手臂滿是刀痕的去上班，也不該讓同居女友成天看我們喝得酩酊大醉吧！可是，我們卻認為自己不能停止聽同一種音樂，或是不再因一時歡愉而做愛。於是，自我療癒仍舊持續下去。

「凱西，有句俗話是這麼說的：『你需要竹筏才能過河；但到了對岸以後，就應該把竹筏放下。』有一段時間，音樂和性讓你不再那麼孤單，可是它們現在卻讓你更加孤單。每個問題都曾經是個方法。」

「那我該怎麼做？」凱西茫然的問我。

「我要你別再聽你的iPod，把你要對它講的話改成對我說。」

「我的iPod哪裡不好？」

「你的iPod在你耳裡低吟，它以前陪伴著你，但現在它就像變壞的舊時好友一樣，把你困在角落裡不讓你跟別的朋友往來，剝奪你學習新事物的機會。這樣一來，等於把你的人生變成無止盡循環的黑暗搖滾歌劇。」

「我的iPod就是我的朋友……可以說是我最親近的朋友。」凱西眼中噙著淚水說。

「我懂。問題是它沒法回應你的話，它只會強化你對自己以及這個世界的每一個負面想法。你說過，你只會對著音樂說出心底的實話，但事實上跟你對談的不是音樂，而是你自己。」

凱西說：「我沒辦法不聽。我的iPod音樂就像我人生的電影原聲帶，述說著我的人生故事。」

「那就告訴我你的故事！」

「我可以給你我的電影原聲帶嗎？」

「若你願意，我感到非常榮幸。不過我不會像你直接聽iPod，你願意試著用說的給我聽嗎？」

》「我渴望被別人渴望！」

接下來幾次會談，一段完整的故事逐漸明朗：

高中時我沒有男朋友，也沒有性經驗，別人總是以此取笑

我。我從小在一個時髦的南方小鎮長大，這裡的孩子很酷也很狂野。我覺得自己一點都不酷，格格不入。我的父母喋喋不休叫我融入大家，成為主流的一員。我精力旺盛，這你知道的。我個性很活潑，也很愛講話。

我爸總是說我對每個人來說都「太超過」了，他總是叫我要往下降一個等級。我媽則老是跟我說，我若是打扮好看一點，或是減個四、五公斤，男生才比較可能喜歡上我。可是，我是亞裔女孩，再怎麼努力也沒有人會喜歡我。

我唸的是一所小型的私立學校，同學對我非常壞，我無處可逃。他們相當惡毒，或許你聽了覺得誇張，但我真的覺得自己受到他們的折磨。我哀求父母親讓我轉學，轉到大一點的學校，至少在人群中不會那麼醒目。但他們說這所學校很棒，能夠讓我進到好大學，然後又可以怎樣怎樣……；還說我只要改變一下打扮或是言行舉止，別人就會喜歡我。

我非常介意被人取笑沒有性經驗，我不知道為什麼。或許是因為這嚴重侵犯到我最深層的隱私吧！我覺得自己是赫絲特・普林（Hester Prynne，譯注：霍桑小說《紅字》主人翁，犯下通姦罪後胸前遭烙印大大的A）的另一個極端，彷彿胸前烙印著一個大大的V（譯注：「處女」英文字的開頭字母）。好多年來，無論我走到哪裡都不被接納。

大學畢業三年後，我還是處女。我覺得自己落後好多，都

快變成老處女了，我實在非常困擾。後來，我終於做了。某天晚上，我和工作上的朋友出去，喝得醉茫茫，便和樂團主唱上了床，就在豪華轎車的後座做愛。聽起來或許很可悲，事實上倒也還好！

　　我之前就碰過這種捏住鼻子往下跳，初嘗性滋味的客戶，凱西並非唯一一個。我繼續聽著她說：

　　「我覺得那個晚上，我終於被世界接納。在之前我整個的人生裡，除了父母親和高中時代的同學，彷彿沒人注意到我；就算注意到，他們也從未喜歡過他們眼中的我。然後，突然之間，我擁有別人想要的東西。」

　　「性。」

　　「沒錯。」

　　「那是你渴望的嗎？」

　　「我渴望被別人渴望！」

　　「你是說你渴望被別人渴望？！」我重複她的話。

　　凱西誠實的說：「這沒什麼好驕傲的。我做的事之間有很大的裂隙：明知不對，還和別人做某些事。因為這麼做實在太容易了，反倒是要我抗拒自己所賦予的力量，那才真的很難。」

　　「什麼樣的力量？」

　　「讓我不再感到不受人注目或不安的力量！讓我變得特別的力

量！」

「那麼若是男人不想要你，你就『不特別』了嗎？」

「假如有人不想要我，我會很難過，自信心會因此下降。我的生活裡若是沒有男人，就形同沙漠；任何想要我的人就像我的綠洲。我會覺得也許之後不會再遇到另一個想要我的人，所以一旦有機會就要把握，來者不拒。若是沒有對象的話，我會認為自己不被所有人接納。」

她接著說：「我覺得自己必須不斷跟人上床，看會不會試出一段感情來。」

「我不認為這樣試出來的感情會穩定。」我表示。

「在說這些的同時，我也在想，我不該聽高中那些人的話，但事實上他們的話還是縈繞在耳邊。像現在就算我只想待在家裡寫作，心也無法安定，擔心自己遲早會變成『愛貓的瘋女人』，一輩子找不到對象。我總覺得，我認識的每一個人都比我早開始找對象，好像除了我之外，每個人都很順利。我也知道在某個時間點必須適可而止，因為即使追上他們，我也早已過了17歲！」

「沒錯，你已經27歲了。」

「27？很難相信自己已經那麼老了。我居然還在這裡大聲嚷嚷說這些，我之前從沒有對任何人說過這些事，你是唯一一個。這些事到現在還影響著我，說實在連我自己聽了都覺得不好意思。我試著不去想這些，努力把它們移到心底深處。究竟要到什麼時

候它們才會停止影響我的人生呢？」

「等你把它們移出你的心底深處之後。」我說。

　　一般人的刻板印象以為心理學家只在乎童年的回憶；儘管童年很重要，但我對高中發生的事愈來愈感興趣。而且，愈來愈多的研究指出，高中與20世代這兩個階段，不僅是大多數人「自我定義經驗」（self-defining experiences）發生的時期，也是大部分人「自我定義**記憶**」（self-defining memories）形成的時間。

　　青春期有許多的「第一次」，其中包括第一次嘗試塑造我們的人生故事。此時我們不但具備抽象思考的能力，也對它感到興趣，於是開始把「我是誰」、「我為什麼會是這樣的人」的相關故事整理在一起。從青少年一直到二十幾歲，隨著人際網絡的逐漸擴張，我們不斷向別人和自己重述這些故事。有了它們，我們不論走到哪裡都能有一致的整體感。

　　我們所說的自身故事變成我們身分的一個面向，顯示出我們獨特複雜的個性。裡頭也會摻雜與朋友、家人、文化相關的故事；同時，就連我們多年來**為何**以某種生活模式過日子，它們也會賦予合理的解釋。

　　我時常協助諮商個案編造合理的自身故事，好讓他們在工作面試時侃侃而談，塑造出專業形象。不過，要編造感情相關的私人故事則複雜多了。我們沒有履歷表列出朋友和情人交往的經

歷，也沒有面試機會以供自省，因此最私密的自我定義記憶可能會拼湊得七零八落，甚至互不搭軋。雖然有些故事從未說出來，但不表示它們的意義或威力就比較小。研究及臨床經驗均顯示，未說出來的故事大多和羞愧有關。

這些未說出口的私密故事，可怕之處在於它們默默的盤繞在我們心裡，沒有任何人知道，甚至連我們都不自覺，就像凱西的情況。誠如她所說，這些故事通常隱匿在裂隙中 —— 介於我們計畫要做以及實際做的事情之間，或是實際發生的狀況以及我們向他人轉述事情經過之間的分歧。

然而，這些故事也是我們身分的一環，極有可能改造我們。下一篇，我們會講到人到了 20 世代，性格會如何轉變，而且的確會改變！不過，性格的轉變不像我們講述的自身故事變化那麼快、幅度那麼大。悲劇性的人生故事會困住我們，成功的人生例證則會改造我們。於是，因應凱西這類的個案，我的做法是幫助他們講出故事，再一起改編故事。

≫ 改寫自己的故事

我對凱西說：「我們的故事需要時時拿出來編輯和修正，不只是你，每個人都必須記清楚這點。」

「好，我記住了。」

「那麼告訴我，你會怎麼編輯你的故事給小朋友看？」

「喔，編輯是最重要的一環。在寫一篇故事時，或許有些不錯的想法，但在當下你可能會讓情緒給蒙蔽。稍後再回頭看那篇故事時，就能夠比較客觀。此外，故事在寫作當下或許十分合理，但這還不夠，它也必須讓每位讀者覺得合理。所以回頭再讀時，你會發現不合理的地方。」

「沒錯！像你現在告訴自己的故事就是青春期遺留下來的第一份初稿，我聽了以後覺得一點也不合理。」

「一點也不？！」凱西重複我的話再次確認。

「對，一點也不合理。你並未落後！你並不是沒人要！你要到什麼時候才會停止跟條件差的人交往？」

「有的約會對象還滿帥的呀！遇到真命天子的話我會讓你知道的……」凱西開玩笑的回答。

「我講的不是外表，當然有的男人長得帥，個性又好，可是你無法保證他們會認真交往。再說，我所謂的『不跟條件差的人交往』，是指你不應該再和以前那個卑微而且不精確的舊自己交往。」

「我還是跟以前一樣呀！我依舊是當初大家口中所說的沒人理的傢伙，跟17歲沒兩樣。」

「可是，那之後發生過很多事。」

那些和比自己條件差很多的對象交往或是在職場低就的20世

代男女，通常都有未說或是未經編輯就說出的故事。這些故事是由舊的對話與經驗組成；因此，唯有透過新對話與新經驗，才能改寫這些故事。

身為凱西的治療師，我有很多進度要追趕。多年來，她一直聽父母的話、高中同學的話以及 iPod。有時候她很難聽見我說的話，甚至聽不到自己的聲音。然後，終於有一天她來到我這裡對我說：「我今天終於鼓起勇氣要問你一個一直很想問的問題，說實在我從來沒有問過這麼可怕、這麼尷尬的問題。」

我靜靜坐著等她接下去，彷彿等了一世紀之久。

凱西終於開口，眼中泛著淚水：「你是怎麼看我的？」

這麼簡單的問題卻讓我一時哽咽，答不出話。我知道這樣的問題出自凱西長久以來不被看見的深切感受，以及源自從來沒人認真看著她、告訴她他們的看法。同時我也知道，這代表她準備好讓別人幫她一起改寫她的故事。

我告訴凱西，在我眼中她身上總是背負著「太超過」、「少一點」的標籤。我也對她說，我擔心她再繼續來者不拒的交往下去，搞不好到了31歲或34歲就嫁給當時釣她的男人。我們接下來花了好幾個月談她現在的自己：二十幾歲，熬過受人排拒的青春期，如今蛻變成一名熱情、備受喜愛的老師暨新生作家，漂亮且富含魅力的年輕女子、擁有特殊神祕知識的韓裔美國人。

我們又花了好幾個月協助她從被人渴望轉成**我渴望**。在這之

前，凱西從未想過她希望伴侶具備什麼條件，從來沒想過自己可以主動去要，從沒想過自己能夠掌握愛情主導權。

凱西表示：「我終於了解，愛情不是遊戲。在我目前所處的人生階段裡，下一個遇到的對象可能就是我的婚姻伴侶，我必須認清這樣的事實。」

「沒錯，要認清事實。」我附和。

在交往上，凱西開始放慢腳步。來諮商時她會討論交往對象該具備哪些重要特質，考量哪種關係才能讓她更自在。如今，她不但能享受約會與做愛，也學會在這些過程裡睜大眼睛看對方符不符合她對理想伴侶的要求。同時她也發現，即便沒有端出性愛為餌，男人還是想和她在一起。她說：「我以前沒想過可以像這樣交往。」

凱西目前還在約會階段，所以我不知道她最後會選擇怎樣的伴侶。但至少她週末晚上可以做出更明智的選擇，不再受舊時對話驅使而做出錯誤決定 —— 那些她和高中同學、她和父母或她內心與iPod之間的過時對話。凱西現在腦中有了新的聲音，包含我的、好朋友的、學生的以及她自己的 —— 這些都是她目前談話的對象，也是她目前傾聽的對象。

總之，她的故事正在重新改寫。

因為相似
而相愛

人們喜歡與自己相像的人。

—— 亞里士多德，哲學家

幸福婚姻的關鍵不在於你們之間有多麼合得來，而要看你們如何處理彼此之間的合不來。

—— 托爾斯泰（Leo Tolstoy），作家

　　週一至週五早上灣區捷運系統上總是擠滿穿著藍襯衫的上班族，形同藍色大軍，伊萊就是其中一員，他總是八點四十五分左右抵達舊金山市區。每次我看到他時，他都是穿著熨挺的卡其褲、乾洗好的牛津襯衫，隨身還會帶著一個裝滿各式高科技用品的皮套。

　　一如大多數來做心理諮商的男人，伊萊是女朋友帶他來的，

她覺得伊萊太常跑趴了。我們第一次會談時，伊萊乖乖交代他日常的行程，但過沒多久，他顯然有別的事想說。他在沙發上不斷變換坐姿，不停把玩黑莓機，似乎對腦中的想法很不自在。他有時會好一陣子坐著不講話；有些客戶討厭沉默，因為他們覺得焦點在自己身上。不過，我發現伊萊每次打破沉默，多半是因為怕我尷尬，殊不知我早已對這樣的沉默司空見慣。

幾個月過後，伊萊以婉轉的口吻，說出他對女朋友的真正看法：她不常笑；她把心思全放在那永遠寫不完的論文上，因此不太出門做其他事；她太文靜了。當伊萊帶她去見家人時尤其困擾，她花好一陣子才與大家稍微混熟，但還是很難融入眾人的談笑話題，也不太投入戰況激烈的棋盤遊戲 —— 這讓他覺得她可能有憂鬱傾向。每當伊萊批評女友的不好時，總是連忙滅火並改口說她其實非常甜美。儘管女朋友不可能聽到我們的對話，他還是怕會傷她的心。

伊萊和女友認識沒多久就在一起，在還沒真正認識彼此之前，他們就上了床並定下來。他們的確很親密，也對彼此忠誠，但是我覺得他們並沒有非常喜歡對方。據我了解，伊萊的女友在諮商時總是談她對伊萊的不信賴，而伊萊在諮商時則是吞吞吐吐說出對女友有二心。他真正想要的對象是愛玩、喜歡戶外活動、而且能和親友打成一片的人。他理想中的情人會一早愉悅醒來後，就到公園裡跑步。

有一天我問他：「那你到底喜歡你女朋友哪一點？」

「她真的很漂亮，我們在床上也很合。」然後就沒下文了。

「外貌與性愛。但我不認為這樣足以維繫一段感情。」

「嗯，我不知道耶！我猜我想要一個更……」

「一個更像你的人嗎？」

「這麼說很不好意思！好像我很自戀。」

「伊萊，找個合得來的人又不是什麼罪。」

「不是嗎？」他笑著說。

「不是，事實上這還是個很棒的計畫呢！」

》找個合得來的對象

　　伊萊和女友並不十分速配，但他們自己並不清楚這一點。兩人長得都很好看，同樣是猶太人和民主黨員。他們有共同的朋友，也有很好的性生活，不同的地方就盡量磨合。他們心地都很善良，設法維繫感情，為了取悅彼此而避免爭吵。但同時，伊萊的忠誠比較像服從，而女友的穩定性則可能被解讀成頑固。

　　某次會談中，伊萊告訴我他和女友要去尼加拉瓜。我聽了以後非常擔憂。

　　情侶相偕到第三世界國家旅行，與結婚生子幾乎沒兩樣。他們會有很棒的健行，也會在沙灘上享受陽光。他們得以嘗試、甚

至享受自己一人不會做的冒險活動，卻無法離開彼此。每件事都很陌生，旅費拮据，或許還會被搶，另一人可能生病或曬傷。一切都比原先預期的更辛苦，但他們還是很開心能夠出國旅行。只要伊萊不要在某個如畫一般美麗的瀑布旁求婚，這場旅行對兩人來說都非常合適：他們有必要一起旅行試試看。

伊萊回來後，一副無精打采的模樣。在尼加拉瓜的慢性壓力下，益發突顯他和女友原本就存在的差異。女友想花一整天時間走路去看遺跡，但伊萊想待在鎮上和餐廳裡。她處處節省旅費開銷，他卻想要隨性。伊萊非常期待可以順道去哥斯大黎加玩，誰知他卻生了病需要人照顧，這才發現女友很不會照顧人。他們合力出錢排好時間一起旅行，不太可能分道揚鑣。接下來好幾晚只好分床睡，各自聽著雨林裡的鳥兒與猴子的叫聲。旅行回來沒多久，他們就分手了。

伊萊和女友需要的是「相似相愛」（in like）。我這樣說有兩層意思：關鍵的地方要**相像**，而且真心**喜歡**對方的個性。（譯注：like 有「相似」之義，也有「喜歡」的意思。）兩者通常是相伴而來的。因為愈相似的兩個人愈能夠心靈相通，兩人很清楚對方會怎麼做，會有什麼反應，如此一來可以預先避免許多摩擦。兩個相像的人可能對雨天、新車、長假、紀念日、週日早晨、大型宴會等，都有相同的反應。

我們有時會聽人說：「異性相吸」，這在一夜情或許說得通。因為大多時候，相像是合得來的關鍵。研究一再指出，背景相似的夫妻 —— 如社經地位、教育水平、年紀、宗教信仰、吸引力、政治理念、價值觀和智力等 —— 對感情生活比較滿意，也比較不容易走上離婚一途。

但並非所有相似點都對感情有幫助。情侶與夫妻**的確**多少都會相像，那為什麼還會有人離婚呢？伊萊和女友為什麼會分手呢？問題出在：人們雖然懂得用非常明顯的標準找到適合自己的對象 —— 像是年紀和教育背景，這些特質卻偏偏是研究學者所謂的「交易破壞者」（deal breaker）而不是「媒合者」（match maker）。

交易破壞者是指你個人在感情中必須堅守的條件，是你認為絕不可妥協的特質，而這幾乎全都是相似點。少了這些相似點，會讓你斬斷情絲，不再和那個與你完全不同的人交往。譬如，對方不是基督徒這件事可能就是一項交易破壞者，因為你沒法和對方分享屬靈的生命。又如，你重視言之有物的談話，另一半卻沒有求知欲，你無法與他繼續走下去。反之，有的人卻可以接受明顯的對立差異，像有的伴侶分別支持共和黨與民主黨，甚至開玩笑說他們是「結盟婚姻」。無論是哪一種情況，人們早就知道自己有哪些交易破壞者，也通常會用在選擇伴侶上。然而，這些顯而易見的相似點並非媒合者，它們可能讓兩個人結合，卻不一定帶

來幸福。

　　個性就是媒合者的一種，必須納入考慮。研究指出，兩人性格愈相像 ── 尤其是年輕伴侶 ── 對感情生活就愈滿意。然而，通常情侶、甚至夫妻的個性都非常不像，原因可能在於個性不像交易破壞者那麼明顯，也比較不易分類。畢竟，個性不是指我們做過的事情或喜歡的東西，它是我們處世的方式，我們所做的每件事都有它的影子。個性就是我們的一部分，走到哪都帶著它，到尼加拉瓜也不例外；所以說，我們有必要進一步了解它。

》大五性格模型：看清自己

　　多年前，我開始觀察諮商個案以及自身社交群裡特別速配的伴侶；我發現，即使再古怪、再難搞的人，還是會找到同樣古怪難搞的另一半。聽他們描述當初怎麼找到彼此，妙的是居然都說：「我們透過網路認識的！」周遭的人聽了都驚呼：「真奇妙呀！」等我深入了解他們結識過程後，發現其實沒有那麼奇妙。他們並非在網路聊天室碰到，也不是張貼徵友廣告才認識，他們是透過網路**速配成功**的。

　　有些網路交友網不過是電子佈告欄，讓大家刊登個人資料和照片；有的網站則聲稱可以測出你的性格，幫你找到相似的另一半。這類交友網表示，他們比較在乎你是誰，而非你想要什麼樣

的伴侶。這麼做非常好！詢問我們「想要的伴侶條件」，只會把我們帶往交易破壞者 —— 嗜好、宗教、政治理念等相似的特質。這種做法的確很方便，但不一定帶給我們幸福。反倒是「你是誰」的問題，得以剖析出我們的個性。有些研究指出，透過這種服務而成功配對的伴侶，比透過其他方式結識的伴侶更幸福；如果這些交友網真的是依個性替人配對，那麼還挺有幾分道理。

我知道線上交友網站不保證成功，方法也千奇百怪。再說，不是每個人都喜歡透過網路交友。然而，我倒是欣賞這種在交往前就先測試看個性合不合的做法，否則等離婚協議時再來測就太遲了。因此，每個人都應該採用這種做法，而且自己就做得到。

要分析自己或別人的個性，不需要用到多麼複雜的測驗方法。有個簡單且廣為研究人員使用的性格測驗，稱之為「大五性格模型」（The Big Five）。這是指我們與世界互動的五種類型，分別為「經驗開放性」（Openness to experience）、「盡責性」（Conscientiousness）、「外向性」（Extraversion）、「親和性」（Agreeableness）以及「神經質」（Neuroticism）。只需查看大五性格模型的表格，比照自己的行為之後，就可以看出你各個類型分別落在低中高哪個向度。

大五性格模型測不出我們喜歡哪些事物，但能幫助我們看清自己、了解自己怎樣過日子。大五性格模型透露出我們一早起床如何面對世界，又是如何處理事情。它可以看出我們如何體驗世

大五性格模型

	低	高
經驗開放性	務實、傳統、偏好規律、心存懷疑、理性、不願接受新事物	樂於體驗新事物、強烈求知欲、富創造力、想像力豐富、勇於冒險、洞察力高
盡責性	標準寬鬆、隨性、可能很粗心、不受約束、容易沉溺某物	有紀律、效率高、井然有序、負責、盡忠職守、自動自發、做事周密、掌控欲可能很強
外向性	喜歡獨處、害羞、寡言、在人群中不自在、安靜、獨來獨往、小心翼翼、冷漠	直爽、熱情、活潑、追求新鮮、人來瘋、健談
親和性	不合群、愛作對、疑神疑鬼、沒有同理心	合群、仁慈、親切、友善、富同情心、容易相信別人、服從度高、善解人意
神經質	情緒不容易受干擾、有安全感、就事論事、情緒管理良好	神經緊繃、情緒化、焦慮、敏感、多愁善感、老是擔心東擔心西、思想過於負面

界，別人又是怎麼看待我們。這很重要，因為無論我們走到哪，個性都如影隨形。

要知道，我們會落在大五性格模型的哪個位置，有50%是天生使然[7]。這表示一出世，我們的個性大約一半已經定型，來自基因、胎教等生物學因素。隨著年紀增長，經驗也會影響我們與世界互動的方式，但個性的影響一直都在。難怪我們常聽到有人這樣形容自己的小孩：「大衛從出生到現在，就是一個德性。」或是同個父母生的，個性卻迥異：「打從出生那天起，艾芙芮和漢娜就非常不一樣。」

一旦找出你自己落在低中高哪些向度後，對自身性格就有了約略的概念，得以用來解釋不同情境與時間內的行為。你可以用同樣方法分析熟識的親友或打算進一步交往的人，進而印證你們的個性有多麼相像或不像。個性本身並無好壞，重點是彼此合不合得來。落在大五性格模型向度的低、中還是高，並沒有好壞的區分；通常我們會喜歡或討厭某個人，多半是因為他們的向度和我們的相差太遠。

就我的觀察，伊萊並不常跑趴；從臨床來看，他的女友也不算憂鬱。多數時候，我們會覺得對方不好，是因為他和我們個性不合。

從本章的描述，你們想必已經看出伊萊非常活潑，容易親

近。他喜歡起個大早，迫不及待融入外面的世界。他的心情常常很好，喜歡誇張故事，但不太受時間或慣例約束。這麼看來，伊萊有很高的經驗開放性，盡責性與神經質方面則偏低。

至於伊萊的女友，我們只能透過伊萊的觀點認識她；據他描述，她退縮但盡責，和他剛好相反。面對新的情境時，她需要一段時間熟悉；一旦適應後，她就能非常專注，全心朝目標前進。聽起來，她和伊萊天差地別：經驗開放性很低，但盡責性與神經質很高。幸運的是，伊萊和女友都有很高的親和性，或許因為如此，他們的關係才能維持那麼久。

伊萊和女友並不了解彼此，他們誤以為彼此很速配，因為他們有很多表面上的共同點。只是當兩人迥異的個性一再衝突，他們會覺得莫名其妙，並希望對方能夠改變。他們以為在一起時間愈久就能變得更相像，然而，沒有一定的證據顯示，個性會隨著時間愈變愈相似。

大多數情侶和夫妻之所以分開，是因為時移事轉，譬如外遇或是其中一人必須搬到別處。不過，人們之所以分手，更多的情況是因為事情沒有改變。我們時常聽到伴侶在分手後回想當初，說彼此的差異一直都存在沒變。

當你決定定下來時，非常可能選上一名各方面看起來都與你相像的伴侶。這樣的確很方便，但長期來說，終究對你們的感情一點也不方便。心理學家丹尼爾・吉伯特（Daniel Gilbert）稱婚姻

為「通往辛勤工作的大門」，因為它打開了通往房貸、生兒育女等的大門。所以，若從個性切入來選擇，就可看出我們和伴侶**能否**同甘共苦。

我們和另一半的大五性格模型當然不可能完全吻合，不過個性愈相像，關係會更良好。或許你所愛的人和你一點也不像，但若你懂得對方的個性，心裡也比較能夠釋懷，才能理解為何他做事的方式和你如此不同、讓你煩心。雖然得花好長時間接受彼此的差異，但了解是必要的。

》是合不來，還是吹毛求疵？

「我男朋友在他公寓抽屜裡放了一枚求婚戒指。」寇特妮第一次來諮商時，對我這麼說：「我現在28歲，想結婚了。雖然這麼想，心裡卻一直逃避，擔心他哪一天真的求婚了，我該怎麼辦？因為我不知道該不該答應。」

「是嗎？你知道原因嗎？」我在一旁坐得直挺挺的，心裡很高興這段對話是發生在婚禮之前，而非之後。

過了大約五分鐘，寇特妮開始細數麥特的優點：他對她很忠實，他是一位微生物專家，有份不錯的工作，人長得帥，心地善良，兩人的性生活很協調，他總是盡力取悅她，而且很愛她。寇特妮喜歡和麥特在一起，他總能讓她開心，她也很愛他。

然後，接下來幾次的會談裡，我開始聽到麥特的缺點：他長得不太高，聚會時他不夠風趣，他不像她那麼愛談生活瑣事，他不會在她生日時送百合花 —— 即使她最好的朋友曾明白告訴他，他還是不送；他不太會打扮，他媽媽老是寄一些自製的俗氣相片剪貼簿給他們，裡頭都是她從寇特妮和麥特網路相簿下載沖印出來的照片。

　　寇特妮講這些事時，總是一副受不了的樣子，但我真的不認為這些抱怨有那麼嚴重。過了幾週後，我說：「寇特妮，我不懂耶！我一直聽你說你有多在意這些事，它們讓你多不舒服。但我們講的這些到底是要證明你和麥特合不來，或只是你不允許你們之間有一丁點不同？」

　　寇特妮的頭突然往後，顯然我這個問題讓她吃了一驚。

　　「吼，那些剪貼簿真是聳到不行！」寇特妮說完看著我的臉，希望這句話如以往般的逗我發笑。

　　我卻認真問說：「年輕伴侶都該有個櫃子，專門收納親戚送來有的沒有的東西，不是嗎？」

　　寇特妮對麥特（以及對我）的不滿依舊持續：同一本書放在麥特床頭好幾個月都沒看，這代表什麼？再說，他不喜歡從事戶外活動，要是他不夠強健怎麼辦？同時，寇特妮覺得她不喜歡諮商一開始我總是靜靜坐著等她開口；我手上的結婚戒指讓她認為我太保守，無法理解她的想法。

她不諱言，或許她該換個新男朋友，乾脆連心理醫師也換掉算了。我淡淡回說「或許吧！」不過我早就發現，麥特並不像她認為的那麼差。事實上，除了某些時候她會斤斤計較麥特哪裡不好，大部分的時光他們相處得很好。

　　有時聽寇特妮講話的當下，我心裡會想著大五性格模型和感情的關連。不過，我不是要探知她和麥特是否個性相似到足以真的速配（聽起來他們真的如此），我腦中盤旋的淨是另一個更有力的研究證據：神經質向度如果落在高點，對感情是一大毒害。

　　神經質是指容易焦慮、緊張、愛挑毛病以及情緒化，高度神經質比個性不合更容易導致感情不順或是分手。雖說個性相似可以讓彼此過得更愉快，但畢竟兩個人或多或少會有些地方不同。因此，如何面對彼此的差異，比起差異本身重要許多。在高度神經質的人眼裡，差異是很嚴重的，他們對彼此差異感到焦慮、進而批判，最後演變成吹毛求疵與蔑視 —— 兩大感情殺手。

　　諮商時，寇特妮有時會帶來朋友寄給她的電子郵件，其中一封要她「快刀斬亂麻」，另一封則叫她千萬不可屈就於麥特。

　　「你不一定要嫁給麥特，就算嫁給他，怎麼會是屈就呢？」我問她。

　　「因為他不記得送百合花給我，而且他還不看報紙！我是說，他的智力是不是有什麼問題？」

「他不是個滿成功的微生物學家嗎？這樣的人智力會低嗎？」

寇特妮不理我，繼續說她的：「我不管，總之我最好的朋友說不送百合花，就是個不好的預兆。」

「你這位朋友結婚了嗎？」我問。

寇特妮回說沒有。

於是我告訴她我的故事。

我的第一個小孩是剖腹產，因為我用自然產的方式生了三天都生不出來。剖腹生完後，醫師吩咐我安撫剛出世的嬰兒，並說傷口若是會痛，隨時按下注射止痛劑的按鈕。他們還說我要一兩天之後才能吃東西，並叫我先生出去吃點東西。過沒多久，我先生回到病房，手裡拿著一片披薩、一罐啤酒、一片巧克力碎片餅乾、還有一塊冰淇淋三明治。看到這些，我差點沒放聲尖叫。

來醫院陪我生產顧小孩的阿姨，見狀連忙把我先生拉出房外，帶去餐廳。等她回來後，我自然而然就向她抱怨起我先生。換做是我，才不會在探病時，在無法吃東西的病人面前，自顧自的大啖中餐。當然我會這麼氣，也是因為我的生活在生孩子後改變了，而他卻仍是原來的模樣。

我阿姨靜靜聽了一會兒，然後輕聲對我說：「梅格寶貝，我覺得你的標準太高了。」

「是你標準太低吧！」我大聲頂回去，腦中浮現的畫面是我阿

姨晚上出門和朋友吃飯前，還得先為姨丈煮好晚飯；以及姨丈坐在一旁看自己的書，無視於阿姨忙進忙出累得半死。我覺得，她沒有站在我這邊替我講話。

幾年過去後，我體會到我和阿姨誰都沒錯。我們兩人來自不同時代，她可以接受的家事分工標準和我的不同。況且，我當時那樣對我先生有失公平。他同樣也熬了七十二小時沒睡，我生產與手術時他一直站在我身旁，再說那幾天他也非常擔心妻子和小孩的安危。醫師的確叫他去吃東西，可是他馬上就帶著食物回到房間裡，希望能夠陪著我。（而且，就在我阿姨趕他去餐廳後沒多久，他訂的花就送到了。）

如今回想起來，我將當時自己對先生（還有阿姨）的不當言行，歸咎於身體的痛楚與疲累，同時也因為沒能理解到我和我先生處理壓力的方式不同。他用吃美食讓自己舒服一點，因為他能夠吃；我發脾氣，因為我沒法吃。如此而已！

≫ 重要的是處理差異的態度

我對寇特妮說：「我一直在想你說的話，不僅以參考過許多研究的心理學家角度、也以一名了解婚姻是怎麼回事的已婚婦女角度。我不知道在你們交往十年後，你會怎麼看待送百合花這件事或是兩人的促膝談心？不過，真實的人生很快就要開始了，之

後，你或許會忙到 —— 甚至可能開心到 —— 沒空斤斤計較生活中每個小細節。」

她咯咯笑著說：「最好是這樣！」

「我們很容易就跟和自己相像的人交朋友；在形成一個小圈圈後，我們可能認為圈外人做的事都不對。朋友圈會形成一種批判文化，把別人的差異當做缺點。」

「沒錯……」

「可是有些時候，差異就只是差異，甚至還可能是優點。」

針對長期婚姻所做的研究指出，我們在婚姻裡的需求會隨著時間改變。年輕伴侶要的是擁有共同的想法，一起共組生活。此時，高相似度感是種保障，也讓人心安，相對的差異性就給人威脅感。到了40歲以後，工作、孩子、家庭、活動、大家庭成員、社區變成優先考量的重點，此時婚姻的重心就不會只在夫妻兩人身上。一旦夫妻必須忙著晚餐聚會、週末與別人一起出遊等大小事，若能有多元化的技巧與興趣，相信會大有幫助。何況，差異能讓生活常保新鮮。

「所以你的意思是要我不要挑剔嗎？」

「對於那些影響20世代婚姻的事，像是在價值觀、人生目標或個性等極大差異，以及你們愛不愛彼此，這些我都鼓勵你一定要挑剔。然而，你說的那些差異，感覺上不過是任何感情裡必定會出現的尋常差異。」

「問題就出在這裡。我怎麼知道感情不順到底是因為感情變質，還是因為現實就是如此？」

「你永遠沒法百分之百確定。所以說，婚姻只是個承諾，並非保證。」

「那麼我要怎麼挑對象呢？」

「就跟你做任何決定的方法一樣：先評估證據，再聽自己的心聲。訣竅在於聽重點就行了，不要每個細節都聽，這只會讓你不滿或煩心。」

「我知道了。」

「伴侶之間一定存在著某種差異，但就統計數據來說，它們並不會危害到感情；會危害到感情的是你處理差異的態度。你知道這些差異會怎麼出現嗎？你有沒有想過它們會如何影響你的生活？你準備好要縮短這些差異，甚至接受它們嗎？」

「這些問題把我弄得好緊張哦！」

「那我另外換個方式問：假如你和麥特分手了，假如如此速配的關係結束的話，會怎麼樣？」

「很好的問題。」

「既然如此，我再問你另一個好問題：假如你繼續約會，讓你找到完美的伴侶。若是你生的女兒或兒子不那麼完美，一點都不像你做事的方式，那會怎麼樣？你又要開始吹毛求疵或蔑視嗎？」

寇特妮開玩笑回說：「那麼，嗯……其實我之前閃過一個念

頭，乾脆領養年紀大一點的小孩，這樣我就能找到和我超級速配的孩子了。」

我笑不出來，因為我處理過太多在吹毛求疵與蔑視裡成長的孩子。

後來，寇特妮因為跑步膝蓋嚴重受傷。兩個月後，她撐著拐杖一跛一跛來到我的辦公室，態度看起來謙遜多了。她說：「我想我可能會嫁給麥特。」

「真的嗎？」我驚訝的問。

「沒錯，我想了很久，麥特真的很棒。每次我要看醫師和開刀，他都向公司請假帶我去。這段期間，我們也深入聊了很多事情。」

「太棒了！」

「最深入的一次談話發生在我最好朋友送我一大串百合花之後，當時我很氣麥特為何沒像她一樣送我花。他很火大，說她一次都沒有來過我公寓幫忙，全是他在打理我的一切起居。我知道麥特說得沒錯，他為我做牛做馬卻毫無怨言。我也知道自己很愛抱怨，但他從沒嫌過我這一點。」

「哇！」

「我跟他說，我看到他抽屜裡的求婚戒指；我應該會想結婚，但希望他多給我一點時間。他說他原本想要給我個驚喜，趁我沒有心理準備時求婚。不過，我們兩人都同意再等一年。」

「你們打算用這一年幹嘛呢？」

「我想用這段時間好好檢視我和麥特的關係，也好好檢視我自己。」

「我了解。」我表示。

「當初我會來這裡，是因為我覺得若是麥特和我要結婚的話，他必須徹底改變。現在我懂了，不管我會不會跟麥特在一起，真正要改變的是我自己。我必須控制好自己的情緒。只不過我擔心自己若是死性不改怎麼辦？現在才改會不會太遲？」

寇特妮清楚知道自身的個性是她最大的挑戰，也是諮商過程中要面對處理的部分。

我對她說：「還不會太遲，但重點是，無論你有哪裡想改變，一定要從現在做起。」

❼ ── 參考 K. L. Jang，W. J. Livesley 以及 P. A. Vernon 合撰的〈遺傳與大五人格維度及其各種面向：雙胞胎研究〉，載於 *Journal of Personality* 第 64 期（1996）第 577 至 591 頁。遺傳率是一個人口統計數值，從整體估計個性出自遺傳的人口有多少比例。遺傳率經估算後得出 50%，這並不意味每個人的個性絕對就是百分之五十來自遺傳。再說，個性研究裡幾乎都會考量到個體的差異性。總之，估算統計出來的遺傳率數值，可以提供一個粗略的概念，讓我們知道個性除了受到天性（即基因），也受到教養（即環境）的影響。

腦部與身體大改造

The Brain
and the Body

把握大腦成長的
最後回合

生命唯有走過才能了解，但必須向前看才活得下去。
—— 齊克果（Søren Kierkegaard），哲學家

腦子用得愈多，你就有愈多的腦子可以用。
—— 道爾西（George A. Dorsey），人類學家

　　1848年，25歲的鐵路工人費尼斯·蓋吉（Phineas Gage）在
佛蒙特州為魯特蘭暨伯林頓鐵道公司（Rutland & Burlington
Railroad）的鐵路造路基。9月13日星期三，他和他的工班準備爆
破一塊突起的岩石以整平路面。蓋吉的任務是在岩石上鑽孔，將
火藥填進孔內，覆上沙粒，再用鐵棍將沙粒與火藥塞好；隨後再
點燃引線，引爆岩石。這根鐵棍長約90公分，一頭粗一頭細；細
的那一端寬約0.6公分，粗的那一頭約2.5公分。

下午四點半時，蓋吉鑽了一個洞，填入火藥。但他忘了填充沙粒，就在他填塞火藥時，鐵棍撞擊岩石發出的火花瞬間點燃火藥，引起爆炸。蓋吉手中的鐵棍炸飛，穿透頭顱。鐵棍從他左邊顴骨正下方穿進去，通過左眼窩後方，再從頭蓋骨上方穿出來。

意外發生後，蓋吉不但沒死，還能講話，一旁的工人全看傻眼。他直挺挺的搭乘牛車到最近的城鎮，還對著出外診的醫師說：「醫師，我的問題夠你處理的了。」雖然十九世紀中期科學家還不清楚大腦是如何運作的，但普遍認為大腦是主掌生命與行動的中樞。可是，瞧瞧蓋吉，他的頭破了個洞，居然還能走路講話。過沒多久，蓋吉到哈佛大學接受醫師的檢查。隨後還旅行到紐約市以及新英格蘭一帶，到處向好奇民眾展示他的傷口，並分享他的故事。

隨著一段時間過去，蓋吉的問題日益浮現。周遭的人起初只是訝異他大難不死，沒想太多；過了好一陣子，大家才發覺他的行徑和過去大不相同。發生意外以前，蓋吉在朋友間「人緣非常好」，是個「能幹勤奮」的工作者，「個性溫和」且「心智健全」。意外過後，他突然不再事先規劃未來。前一秒才說要做的事，下一秒就做了，不會替別人著想，也沒考慮後果。據他的醫師研判：「他的智力與動物習性之間的平衡可能遭到破壞。」朋友和家人都說他整個人都變了，不再是「原來的蓋吉」。

從蓋吉的例子看，大腦前側或許與活命或呼吸沒有多大關

連，但這個區塊和我們的行為模式極其相關。究竟是怎麼有關呢？意外發生一百多年後，科學家才終於弄清楚。

》成長中的「指揮中心」

蓋吉發生意外後，科學家競相要揭露大腦的樣貌。然而，在人類身上很難做實驗；於是醫師只能從蓋吉這樣的病例探討，研判哪個部位受損會造成何種後遺症。直到1970年代磁共振造影（magnetic resonance imaging, MRI）以及後來的功能性磁共振造影（fMRI）」問世，醫師才得以用這些新科技在活體內觀測大腦的實際活動。如今，有許多新的技術可以測量大腦的活動（大人小孩都行）；利用這些技術，研究人員才得以更清楚知道大腦運作的方式。

現在我們知道大腦的發展順序是從下到上，自後而前，從這樣的順序可以看出大腦各部位的發展年齡。大腦裡最早發展的區域位於底層接近脊椎的地方，它們也存在於我們的老祖先以及人類的近親動物身上。這個區塊掌管呼吸、感官、情緒、性、愉悅、睡眠、飢渴，又可稱之為「動物習性」，這是蓋吉在受傷之後仍完好無缺的部位。大致來說，我們稱這些部位為「情緒腦」（emotional brain）。

大腦最前面的部分是額葉（frontal lobe），顧名思義就位於

額頭正後方，它是人腦最晚發展的部位，也是每個人最後成熟的大腦區域。額葉掌管理性與判斷力，因而俗稱為「指揮中心」和「文明的起源」。在這裡，理性思維得以平衡、調節情緒腦的感覺與衝動。

額葉同時也是大腦處理或然性與時間感的區域，它能幫助我們應付不確定感。換言之，它讓我們不僅思考當下，也能前瞻未來。它幫助我們平撫起伏的情緒，靜候我們行為可能帶來的後果，同時為明日規劃，即使結果仍不明確，未來尚不可知。總之，大腦前側就是我們進行前瞻式思考的地方。

回顧那些二十世紀以及二十一世紀額葉受創的病患，其中有些病例留下廣泛的研究資料，最明顯的變化是：即便智力未改變，處理具體問題的能力也和原來一樣，然而他們應對個人和社交決策的能力卻大幅減弱。換言之，他們選擇的朋友、伴侶和活動，都違背自己的最佳利益。他們難以理解抽象的目標，也不知該採取哪些具體步驟。因此，他們很難計畫未來幾天和未來幾年的日子。

和之前蓋吉的例子很像，不是嗎？拜現代先進科技以及眾多病例所賜，蓋吉的腦傷之謎大部分已解開。在十九世紀中期，很難想像有人腦部受了傷還能夠活著分享他的故事，也難以想像明明是同一個人，有的事他能夠照常做，有些事卻再也做不來。我們現在知道，蓋吉會從考慮周全轉變成不顧後果、從果斷變到猶

豫不決，都是因為那根鐵棍在他額葉戳了一個大洞。

20世代沒有必要管蓋吉是誰，也不必弄清楚額葉是什麼。如今透過健康青少年與20世代的MRI顯影，我們得知額葉要到二十幾歲某個時間點才會發展完全。在我們二十幾歲時，享樂至上的情緒腦早已準備就緒，掌管前瞻式思維的額葉卻還在成長階段。

由於額葉仍處於發展階段，有些20世代會有心理學家所謂的「不平衡」現象。像我很多客戶都非常困惑：明明自一流大學畢業，卻不知道該從何規劃職業生涯；明明是傑出的畢業生致詞代表，卻連要和誰約會都無法決定，也不知為何會這樣。有的客戶則覺得自己像是個冒牌貨，縱然有一份好工作，心裡卻始終無法平靜。也有的人無法理解，為何有的20世代在學校表現不好，畢業後卻超越他們。

要知道，畢業前後用到的技巧是不同的。

在學校表現出眾，代表你能在明確的時限內處理好附有標準答案的問題。可是，要成為一名前瞻式思考的成人，你必須有能力預想未來，甚至採取行動，尤其是在不確定的情境下。額葉不只能幫助我們冷靜思考，設法解決人生難題，尤其是成年後常遇到的難題：要選哪個工作？要住哪裡？和誰交往？何時成家？這些是沒有標準答案的。額葉還能讓我們跳脫非黑即白的解題邏輯，學習接受灰色地帶，甚至懂得在其間應變。

既然額葉要到很晚才發育完全，我們似乎就有很好的理由可以延後行動，索性等到30歲再開始人生。最近報上某篇文章甚至建議：20世代的大腦或許適合指派他們從事一些特殊任務。

可是，讓20世代按兵不動絕對不可行。

前瞻式思考不會因為年紀到了就自然發生，還必須仰賴練習與經驗。這也說明了為什麼有的人才22歲，就已有前瞻未來的大將之風、懂得應付未知；有的人都34歲了，大腦卻沒有相同的反應。為何人腦的發展會如此不同呢？看了蓋吉後來發生的故事，應該就比較明白。

關於蓋吉受傷後的人生際遇，與事實不符的渲染居多。在教科書裡，他最常被塑造成一個孬種或怪胎，後來逃跑加入了馬戲團，再也沒有過正常的生活。蓋吉的確有一小段時間在巴納姆美國博物館（Barnum's American Museum）展出那根鐵棍，當然還有他本人。但更重要卻鮮為人知的是：蓋吉在意外發生後到癲癇發作死亡之前這十二年間，曾在新罕布夏州和智利當過驛馬車伕，期間他每天總是一早起床做好準備，把馬和馬車整理妥當，趕在清晨四點準時出發。他載著乘客行駛在崎嶇不平的道路上，一趟就要好幾個小時。這些全都與蓋吉個性衝動、好吃懶做的刻板印象不符。

歷史學家馬爾科姆・麥克米倫（Malcolm Macmillan）認為，

蓋吉應該是受惠於某種「社會性恢復」（social recovery）。規律的驛馬車駕駛行程，讓蓋吉得以重新學習因額葉意外受損的技能。日復一日的經驗，使得他再度恢復個人與社交的周全決策能力，再次能夠前瞻思考。

因此，蓋吉的例子不僅提供醫師最早期的大腦功能分布資訊，同時也提供了大腦具可塑性的早期證據。從蓋吉的「社會性恢復」例子，以及隨後無數的大腦研究裡，我們得知大腦會因應環境做改變。這在20世代身上尤其明顯，此時他們的大腦正蓄勢待發，準備進入第二回合（也是最後一回合）的高速成長期。

》充滿極大風險與極大機會的時期

到了20歲，我們的大腦已經長成應有的規模，不過仍在進行精細的網路連結動作。大腦靠神經元（neuron）傳導，裡頭包含大約1000億個神經元，每個神經元都可以產生上千種不同的連結。它們的速度和效率極其重要，必須透過兩大關鍵成長期的精心磨練才可能得到。

出生後十八個月內，大腦歷經第一次的快速成長，製造出遠超出大腦所需的大量神經元。嬰幼兒的大腦以過於周全的方式準備，為其後可能出現的事件預做儲備，像是說出平時常聽到的語言。這也是為什麼我們1歲時懂的字不超過100個，到了6歲卻知

道 1 萬以上的字。

不過，照這樣的速度繼續超額製造神經元的話，會使得大腦網路過度擁擠，導致認知效能低落，適應不良。這就是為什麼那些吸收力如海綿般強勁的幼兒，難以將一堆字組合成完整句子，也總會忘記在穿鞋前先穿上襪子，此時是潛力和困惑共治的時期。

為了提升神經網路的效率，第一波的快速成長隨後會伴隨另一波的修剪動作。隨著年紀漸長，大腦會保留常用的神經元與網路，逐一修剪掉那些沒用到的部分，或任由它們死去。

長久以來，科學界都以為修剪的動作會持續下去，使大腦神經網路愈修愈完美。然而，在 1990 年代，美國國家精神衛生研究院（National Institute of Mental Health）的研究發現，從青少年起一直到二十幾歲，人腦還會重複嬰孩時期的流程，形成第二次的關鍵成長期。大腦會再一次長出無數的連結新芽，大幅提升我們學習新事物的能力。只不過，此時學習的不再是單字，也不是穿襪穿鞋的順序。

這些在青春期新長成的連結，大多數分布在額葉。大腦同樣會以過於周全的方式儲備，只不過這一次是為了成年生活的不確定感預做準備。幼兒時期或許是學習語言的黃金時期，不過，依演化理論學家的說法，這次的關鍵成長期則是為了幫助我們因應成年後的複雜挑戰：如何找到好職位、如何選擇伴侶以及相處的

方式、如何扮演父母的角色、要在何處或何時做出人生重大抉擇等。換言之，這最後一次的關鍵期，會為我們快速打好進入成年期的基礎。

然而這是怎麼做到的呢？

其實與幼兒暴露在英文、法文或中文等環境裡，就能學會講這些語言一樣，20世代對周遭環境也特別敏感。二十幾歲從事的工作，會教導我們調適自己的情緒，學習成年世界裡複雜的社交互動。職場和學校是20世代習得實際且複雜技巧的最佳場所，這些都是今日各行各業裡不可或缺的技巧。二十幾歲時的感情生活得以為我們往後的婚姻及伴侶關係預做準備；二十幾歲時所做的計畫讓我們得以前瞻未來，預先規劃未來幾年、甚至幾十年的人生。二十幾歲時練就的挫折復原力，可以讓我們應用在與另一半、老闆和孩子的關係上。我們甚至明白，拓展社交網路有助於改善大腦，因為我們必須與更多形形色色的人打交道。

由於「一起開火的神經元會串連在一塊」[8]，因此我們的工作和交往的對象，都幫忙重新串連額葉，再反過來幫我們做出工作上以及週末晚和誰出去的決定。工作、愛情以及大腦，就在這一來一往之間聯手形塑我們二十幾歲的人生，30歲之後，我們得以過著心目中理想的成年生活，或是不理想的成年生活。

也因為二十幾歲已經接近最後一次關鍵成長期的尾聲，因此這幾年就像某位神經學家所說，是「充斥極大風險與極大機會」

的時期。當然，過了20世代，大腦可塑性依舊很高，只是我們再也不會有這樣的機會任由大腦產生無數新的連結，供我們活用。從今而後，我們再也無法這麼快就學到新事物；再也無法這麼容易就變成我們理想中的人。若是我們不趁現在採取行動，風險就非常大。

基於「用進廢退」的原則，那些使用到的新額葉連結會保留下來，速度也會變快[9]；我們沒有用到的那些，則修剪淘汰掉了。我們每一天所聽、所看、所做的事，形塑了我們。那些我們沒有每天聽到、看到、做到的事，就不可能塑造出我們。在神經學上，這種現象稱之為「最忙碌者生存」（survival of the busiest）。

那些將大腦運用在良好工作與認真交往上的20世代，等於在學習成年人的語言，剛好此時他們的大腦也準備好要學習了。接下來的章節裡，我們會看到20世代如何學習在職場與感情上穩定情緒，看他們因此逐漸精通並成功。他們會學習到揮別過去向前行，因此變得更快樂也更有自信。他們會趁著人生的關鍵機會還在手中時，學習前瞻式思考。

20世代若不善用大腦，到了30歲以後，將覺得自己落後他人，不論在工作、為人父母、還是整體的人生進度上。總之，他們錯失了改造下半輩子的機會。

我們碰到不確定事物時，很難不倍感壓力，於是只想默默待在自己的交友圈或父母身邊，以為等到大腦自然成熟後，就會突

然找到人生的標準解答。然而，這不是大腦運作的方式，這也不是人生進行的模式。再說，就算我們的大腦能夠等待，愛情和工作可不等人。總之，20世代是忙碌的最佳時期，忙著學習用前瞻思維面對不確定的時代。

---

❽ ──「一起開火的神經元會串連在一塊」即所謂的「赫布定律」（Hebb's Rule），是唐納德‧赫布（Donald O. Hebb）提出的假設，主要描述可塑性以及聯想學習的機制。

❾ ── 透過髓鞘化 ── 即神經軸包覆在脂肪鞘的過程 ── 加快了神經元之間的傳遞速度。額葉是大腦髓鞘化的最後一部分，可能因為它是最晚完全成熟的大腦區域。髓鞘化的過程能讓修剪後保留下來的連結，變得更快、更有效。

用理性
回應情緒

嘗試新事物時，我們其實不知道自己在做什麼。這才是最大的挑戰！

── 傑弗瑞‧卡爾米科夫（Jeffrey Kalmikoff），設計師

任憑一陣陣批判的風吹過去。

── 山謬爾‧約翰生（Samuel Johnson），作家

「我的文書可是寫得一級棒呀！但我真的非常非常痛恨我的工作。」電話另一頭傳來這些話，而且是哭著說的：「告訴我，我是不是可以把工作辭了？若我知道自己可以辭職，那我應該可以再多撐一天。若你跟我說，辭了算了！那麼我就不必一輩子都在做這些事了。」

「你鐵定不會做一輩子，而且你當然可以辭職，只是我覺得你

不應該辭。」

電話那端傳來吸鼻涕的聲音。

丹妮兒是我之前的客戶，經過幾次的實習，輾轉透過人脈找到現在的工作，擔任電視新聞界某位大人物的助理。剛開始她一度覺得自己成功了，但過沒幾星期，她卻發現自己從未這麼糟過。於是我們又重新開始每週的諮商，但這一回是透過電話。她每週一早上八點鐘從紐約市打電話給我，正逢她鼓起勇氣進辦公室前。

丹妮兒的工作就像是電影《穿著Prada的惡魔》與《我家也有大明星》影集的綜合體。她的老闆幾乎每天都對她吼，多半是責怪丹妮兒不夠機伶：**怎麼會**搞不清楚X先生向來只透過電話聯繫？**為什麼**無法未卜先知，居然眼睜睜看著老闆被擠出頭等艙？

最慘的一次是她老闆自己開車離開紐約市，結果迷路，搞不清楚是在康乃狄克州還是紐澤西州的某個城鎮。於是他打電話進辦公室，對著丹妮兒吼叫：「**我在什麼鬼地方呀？**」一副丹妮兒必須知道的語氣，她簡直快抓狂了。

≫ 職場菜鳥的震撼教育

丹妮兒的情況似乎是個極端，但或許沒那麼極端。她的老闆聽起來比較像電影裡的角色而不是真人，但他的確是活生生的

人，丹妮兒也是！其實，你我多少都碰過這樣的事。

我唸研究所時，其中一位指導教授是知名的臨床醫師。能讓她指導是我的榮幸，但聽說她非常忙碌，有同時處理多樣事物的毛病。據所上流傳的說法，她喜歡在車上和學生會談，方便她開車四處辦事，像是拿乾洗的衣服或是到銀行辦點什麼的。不過，所長告訴我，今年不會發生這種事，因為他們嚴格規定指導教授不得在指導學生的時間離開辦公室。這樣應該不會糟到哪兒去吧？

我們每週一次的會談時間排在週二午餐之後；這位指導教授常會遲到匆匆趕回辦公室，拎著一只袋子，裡頭裝滿待辦事物，好讓她可以一邊聽我講話一邊處理。有時裡頭裝的是編織工具，有時她會傳真文件或打掃辦公室。有一回，她還請人進來換她的沙發套。

某日下午我們坐定後，我看著她把手伸進袋子裡，心想這回她不知道會摸出什麼東西來。結果她先拉出一袋洋蔥，接著拿出一塊砧板，然後是一把菜刀。接下來一整個小時的會談裡，她都把砧板放在大腿上，邊切著洋蔥邊聽我聊我的諮商個案，時而給我意見。她從頭到尾都沒有正眼看我一次，直到會談結束抬起頭說：「時間到了！」她才發現我滿臉淚水，大部分原因是洋蔥的刺激，但多少可能也反映出我當下的心情。

「哦！這讓你不舒服嗎？」她問。

我還能說什麼呢？只好擠出笑容說：「你想做什麼菜呢？」

顯然，我的指導教授當天晚上要辦一場晚宴，但她的會談行程到傍晚前全都排滿，只好在辦公室準備食材。離開那裡時，我表現得一副這事兒再尋常不過的模樣。或許也真是如此吧。我們都有過難熬、甚至古怪到不行的工作經驗，遇到時也只能想辦法調適呀！

當20世代進入職場 —— 我指的是**真正**進入職場而不是隨便一份安全輕鬆的工作 —— 他們往往會大受震撼。在這裡，沒有新生課程教他們入門的訣竅，唯有自己獨自一人在最底層摸索。最頂層的或許是老闆，就像丹妮兒的情況。這些人之所以站在權力的頂端，是因為他們過人的能力或經驗，而非憑藉他們的管理技巧或是GPA成績。有些老闆沒興趣做別人的良師，有些則是不知該怎麼做。然而這些人卻時常被分派來指導20世代，協助他們在全新的工作世界裡順利航行。這樣的組合可能會很悲慘，但現實就是如此！

曾有位人事主管對我說：「我希望有人可以事先告訴20世代，辦公室文化和他們之前熟悉的文化截然不同。你不能在電子郵件裡用『嗨！』做開頭，你或許要做某樣工作好長一段時間才可能獲得升遷，甚至讚美。大家會叫你不要在推特上談工作的事，或是在MSN的狀態裡寫些無厘頭的文字。他們會告訴你哪些

衣服不該穿，哪些話不該隨便講或寫出來，哪些行為可以做。沒有工作經驗的20世代哪裡會知道這些。」

職場上每天發生的每件事都**重要**，打錯字是個問題，病假不能隨便請，這不光是針對員工個人，只是每家公司有它基本的規定。如同丹妮兒所說：「以前在學校這些事對我來說根本無關緊要，我不會因此被當掉，只要能拿到好成績，我就能跟別人一樣順利拿到畢業證書；唸書時，大家的終點都一樣。可是現在我做的事會影響到我的老闆，以及其他所有員工；所以我才會因為工作失眠。每天我都覺得自己快要被炒魷魚了，不然就是擔心自己又要讓某人失望。他們終有一天會發現我不是他們要的人，我不屬於這裡，我可能在履歷表或證書上做假，我只不過是個假扮大人的小孩子。然後，我只好離職到某間餐廳當服務生。」

丹妮兒不但沒被炒魷魚，反而被賦予更多責任。大學時，丹妮兒曾在一家電視台實習，因此，在不必衝去替老闆買拿鐵的空檔，她得以製作一些沒人會看的迷你新聞片段，像是報導一隻卡在中央公園樹上的小貓，或是國慶煙火花絮。

親朋好友都說她能力很好才找到這麼棒的工作，但丹妮兒一點也不覺得自己能力好。她很愛工作（新聞製作，不是買拿鐵），卻感到前所未有的焦慮與無能。她稱自己為「可有可無的製作人」，自信則是有史以來的低。

然而，丹妮兒會有這樣反應才是正常的。那些在職場上不會

感到焦慮和無能的 20 世代，不是過於自負，就是低就。丹妮兒對製作很有興趣，這份工作是她的大好機會。只不過一如多數 20 世代，問題出在丹妮兒會犯錯。寫給主管的信裡，她用了不當的語氣。她不小心將相機袋遮到麥克風，以至於某段影片聲音變得很模糊。有時開會發言時，她的聲音會突然沙啞。

每當這些事發生，總會有些資深員工一陣風似地來到她身旁（這是丹妮兒事後的感覺），讓她知道她「鑄成大錯」。她有時會被叫進老闆辦公室，用嚴重的口吻指責她在網頁頭條上拼錯某位前總統的名字：「我們可**承擔不起**得罪全國一半人口的風險呀！更何況是共和黨陣營。」

丹妮兒描述每天發生的小災難，其實就是 20 世代工作的一部分。她經常被發生的壞事搞到暈頭轉向，因此死了不少細胞。她不再吃早餐，因為上班前她總是反胃想吐。到了晚上，她則有失眠的問題，因為心裡會一再重播老闆的批評，不然就是擔心自己又會因為某件事挨罵。她說，「在辦公室裡，就像是『倫敦大轟炸』一樣。我只能安慰自己『到目前為止都沒事』，不然就是盤算還有幾小時我才能毫髮無傷的離開辦公室。」（譯注：「倫敦大轟炸」為二次大戰期間德國對倫敦發動的閃電式空襲。）

丹妮兒形容的口氣，與其他我所認識、擁有好工作的 20 世代如出一轍。想了解 20 世代在職場上的感受，可以從認識我們大腦處理資訊的方式著手，尤其是 20 世代的大腦。

≫ 年長會產生正向情緒效果

演化理論家認為，大腦是設計來特別注意那些教人措手不及的事，好讓我們下次有更充分的準備來面對世界。人腦裡頭甚至有個內建的新奇事物偵測器，當新奇事物發生時，它會傳送化學訊號去刺激記憶。

有研究報告指出，當受測者觀看普通的物品（如一棟房子）和不尋常物品（如一輛有斑馬頭的車子）的投影片時，比較會記住不尋常的物品。此外，若在研究裡穿插嚇人的主題，譬如蛇的影像和聲音，受測者比較會記住在蛇之後播放的投影片，其他投影片則記不太住。同樣的，人們比較會記住那些引發我們情緒大幅波動的事件，像是特別開心、傷心或尷尬的時刻。

每當驚人的事情發生，特別是激發情緒變化的事件，我們通常會深刻的記上很長一段時間。這類的記憶稱為「閃光燈記憶」（flashbulb memory），因為它們就像是讓強光投射並凍結在時間裡，形同我們的大腦把那一刻拍了照。這就是為什麼我們大多數人都記得「911事件」那天早上人在哪裡，就像我們的父母和祖父母還記得在聽到甘迺迪總統中槍消息時，他們正在做哪些事。

由於20世代正是開始大量接受新事物的時期，生活中充滿新奇又驚人的時刻，甚至有不少的「閃光燈記憶」。事實上，許多研究指出，我們來自成年前期的深刻回憶，比其他發展階段來得

多。有些是超級開心的回憶，像是得到夢寐以求的工作，或是絕妙的第一次約會。有些則記憶了異常難熬的時刻，譬如本來只要回覆給一個人的電子郵件，卻不小心按下「全部回覆」；或是在沒戴保險套的一夜情後，忐忑不安的等候性病檢驗結果出爐的漫長一週；又或者是收到分手簡訊的那一刻。

我剛開始在大學教書時才28歲，在某堂課上我將考卷發還給三百名學生，後來才發現忘了登記成績，這樣嚴重的錯誤不容再犯第二次。每個人在不同時候用這種煎熬的方式學到教訓，我們的大腦記住當時的畫面，不讓我們忘記教訓。雖然慘痛，卻是幫助我們成長的必經之路。

這些艱困的時刻，對20世代來說尤其難熬。相較於更年長的成年人，他們比較容易記住負面資訊，反而不那麼容易記住正面資訊。MRI研究顯示，20世代的大腦對負面資訊的反應比年長成人大腦更強烈，因為他們掌管情緒的杏仁核（amygdala）活動更為頻繁。

20世代一旦能力受到批評，往往變得焦躁與憤怒，甚至想起身採取行動。他們會對別人產生負面情緒，而且鑽牛角尖想找出原因：「為什麼老闆會這樣說？為什麼老闆不喜歡我？」把工作焦點全放在自己身上，因此讓一週44小時的工時顯得更加漫長。

美國的研究心理學之父威廉·詹姆斯（William James）說過：「智慧的訣竅在於知道哪些事應該忽略。」年長的成年人通常

較有智慧，因為他們比年輕的成年人更知道哪些事應該忽略。隨著年齡增長，會產生更多的「正向情緒效果」。我們不但對正面資訊會更感興趣，在面對負面資訊時大腦的反應也不再那麼激烈。我們的人際衝突會因此減少，進而選擇放下，尤其是那些與我們親近的人際關係。

我告訴丹妮兒20世代的大腦如何因應驚奇與批判，以及20世代當下的感受，誠如某位同事形容的，他們覺得自己像是風中的落葉。一整天順利的工作，能把我們拉抬到天際；老闆的一陣斥責，又把我們刮到地面上。當工作或愛情上的批評把我們吹得滿天飛，我們只會覺得好事都不會降臨。

丹妮兒說：「沒錯！我**就是**這種感覺！就像一片落葉！我以前從來不知道老闆對我會有這麼大的衝擊，在我目前的生命裡，他比任何人都重要，就跟上帝一樣。他所說的每一句，在我聽來就像是上帝的最後審判。」

當年紀漸長，我們不再感覺像落葉，反而比較像是一棵樹。我們有深入地下的根，也有結實的樹幹，縱使會在風中搖晃，但不會斷掉。吹向我們的風有些可能會劇烈，像「你被開除了」的話在有房貸壓力時，聽來就異常可怕。我們在工作上會犯的錯誤不再是打錯字，而是可能損失50萬美元、或是發行的軟體讓公司網站一天之內就癱瘓。不過，年長的成人，甚至部分的20世代，有著深植的信心，相信問題終會解決，或至少可以存活下來。

有些客戶問我是否有過因工作失眠的經驗，當然有！就在去年某個半夜，我匆忙套上牛仔褲，趕往急診室去看一位自殺未遂的諮商個案，她的父母從千里之外打電話通知我這個消息。我趕到時，救護車還沒到，於是我站在醫院車道上吹著風等候。

此時，我心中明白了一件事：只要這名年輕女子能夠活下來，任何事都能海闊天空。在海闊天空之前，必定會歷經一段異常痛苦、可怕或悲傷的時期，誠如這名個案所經歷的，所幸她後來活了下來，只不過，在那個當下，她無法預見自己熬出頭的模樣。

跳離杏仁核，讓額葉當家

丹妮兒每週都得強忍辭職的念頭，她說：「每當壓力大到不行，我真的好想辭職，事情彷彿永遠做不完，而我卻一直做不好。感覺上我好像一輩子都得替這些人工作，他們總是把我當成3歲小孩看待，把我攻擊到體無完膚，我在這家公司一直加班，也不容出一點差錯。我怕自己會一直被困在這種焦慮且猜疑的可怕情緒循環裡，永遠處在這種戰或逃的緊張壓力下。」

20世代及其活躍的杏仁核常會讓他們想藉由換工作轉換情緒。當工作變得麻煩或不愉快，他們便辭職，不然就是衝到「上司的上司」那兒大吐苦水，他們不知道「上司的上司」的杏仁核

不像他們的那麼容易激動。丹妮兒若是離職，心裡或許會舒服一陣子。但離職也只會證實她的恐懼：她果然是個裝模作樣的人，不夠格擁有這麼好的工作。

丹妮兒決定留在老闆身邊至少一年以上，同時改變因應的策略，但問題更大：她開始杞人憂天。諮商過程裡，總是聽她喋喋不休說自己又犯了哪些錯誤，做了哪些事會害她炒魷魚，哪些事可能會出錯等等。有好幾天中午外出用餐時，她一面徘徊在小巷裡，一面打電話向爸媽或朋友哭訴同樣的事，但稍後回到辦公室還是面對更多一樣的問題。雖然丹妮兒自己也知道，這些擔憂並不會真的發生，她還是滿心以為只要想像最壞的狀況，當壞事發生時，她才不至於措手不及。她表示：「我要盡可能避免『倫敦大轟炸』的那種恐怖感覺。」

丹妮兒的擔憂雖然讓她不必再受驚嚇，卻也使身體長期處在負面情緒下。長期的憂慮會讓心跳上升，可體松（cortisol，即壓力荷爾蒙）含量增高，最後導致憂鬱。

丹妮兒說：「我覺得我是反其道而行。就像大學時代我一個認真交往的男友，我老是擔心他會因為我的穿著或其他事而跟我分手。我總是在心中扭曲他的話，再轉述給我的女性朋友聽。我將三、四位朋友的電話設定成快速撥號，隨時想到就打電話講這些事。」

「你知道為什麼這兩件事感覺起來一模一樣嗎？」

「是因為我把工作當情人，而且是一種受虐的感情關係嗎？」

我笑著回說：「不是，因為它們基本上是一樣的。我其他二十幾歲的客戶在談感情時，也跟你說的一樣。他們總是擔心自己會因為一些小事被甩，也會因為幾個小時沒接到簡訊就開始焦躁不安。就像你一直想辭職，他們也是成天嚷著要分手，想故意挑釁大吵一架，藉此結束感情；這麼一來，他們就不必一天到晚擔心突如其來的分手了。」

「我才沒法像他們這樣交往呢！那你是怎麼跟他們說的？」

「就跟我告訴你的一樣呀！要你們把根深植到土裡，才能在風中挺立。」

「所以我要把所有壞情緒全壓下去，假裝它們不存在嗎？」

「不是的，壓抑情緒跟扎根不同，那和慢性焦慮沒什麼兩樣。壓抑情緒會讓身體和大腦處於壓力之下，還會損害記憶力。這麼做只會讓你處在一片茫霧之中。」

「那麼我該怎麼平靜下來呢？」

丹妮兒說她覺得自己不但被工作困住，還陷入焦慮與猜疑。精神學家暨「猶太人大屠殺」倖存者維克多・法蘭可（Viktor Frankl）認為，我們的態度與反應是人類最後的自由。丹妮兒雖然無法掌控工作時的每個情境，但可以主控自己詮釋它們的方式，以及該如何反應。她可以跳離杏仁核，讓額葉開始運作。

丹妮兒有必要重新評估那些艱難時刻對她的意義。每當工作一出錯，丹妮兒下一秒就擔心自己會被炒魷魚，只能去當餐廳服務生。這一點也不理性。通常工作（感情也是）不會那麼脆弱，況且就算真的丟了飯碗，我想她也不至於去端盤子吧！丹妮兒必須了解艱苦的日子就像是一陣吹過的風，而且工作也不像她所想的只針對她個人。

　　重新評估有助於減輕、甚至避免不良的情緒。若是丹妮兒可以根據事實重新評估，不但能改變因應工作的方式，她對工作的**感覺**也會改變。研究指出，愈能控制自己情緒的人，生活滿意度愈高、比較樂觀、有更大的人生意義、人際關係也比較好。

　　我對她說：「目前你花太多時間在刺激情緒，不只對你自己、也透過電話對其他人這麼做。你誇大每一個錯誤，使它更加悲慘。你必須停止在午餐時間打電話給你媽。」

　　「可是打給我媽會讓我心情變好呀！」

　　「我知道，但跟她講電話的時間會剝奪你安定情緒的機會。」

　　丹妮兒打電話給媽媽的行為，心理學上稱之為「借用別人的自我」。她有需求時，向外求助，讓別人的額葉替她運作。每個人偶爾都有這樣的需求，然而若是太常把自己的苦惱託付他人，我們就無法學會獨自面對悲慘的日子。因為面對困境時，大腦處於最佳學習狀態，若我們不能趁此時試著安慰自己，大腦就學不到新的技巧。若不學會安定自己的情緒，我們的自信只會日益減弱。

「如果午餐時間讓你自己一人面對，你會怎麼做？」我向丹妮兒提議。

　　「我不知道該怎麼辦！」

　　「其實你知道，我們曾就這件事討論過。你只要掛上電話，就可以處理事情。」

　　「處理事情？」

　　「沒錯！就是面對工作上不順心的事情，用理性回應你的情緒腦。你會開始想：『哪些才是**事實**？』」

　　只聽丹妮兒悠悠的說：「事實就是我身邊每個人和我自己都認定：我就是做不好工作。也許我不具備那種特質吧。」

　　就這樣，我和丹妮兒的電話會談依舊持續下去。

熟能生巧
累積自信

什麼都不做只會滋生恐懼和懷疑；行動則能產生信心和勇氣。如果你想克服恐懼，別只坐在家裡擔心。走出去，讓自己忙起來。

—— 戴爾‧卡內基（Dale Carnegie），作家暨演講家

知識不等於技巧；知識應用一萬次之後才會變成技巧。

—— 鈴木鎮一（Shinichi Suzuki），鈴木音樂教學法原創人

「不具備那種特質？這到底是什麼意思？」我重複丹妮兒的話請她解釋清楚。

「在電視圈裡，你總會聽到應該具備**那種特質**。有一天我就問我老闆，他覺得我有沒有那樣的特質。你知道他怎麼說嗎？他說：『沒有，你並沒有那項特質。不過，只要你夠努力，你就能夠具備。』」

「那你對他的話有什麼想法？」我問她。

「我還滿開心的，至少我的努力不算白費。可是，他的話同樣讓我覺得自己很平庸；彷彿在他眼裡，我不是天生就吃這行飯的。」

「天生就吃這行飯的？」我再次確認。

「沒錯。」

「你說的『那種特質』到底是什麼？為什麼別人都有，只有你沒有？」我問。

「信心。」丹妮兒簡短回答。

我問：「你**哪來**的信心？你才工作沒多久耶！」

》定型心態 vs. 成長心態

據丹妮兒的觀察，她覺得大多數同事都有一種與生俱來的自信，或是一畢業就很有自信。但事實上，她口中描述的這些同事，都是年紀比她大或工作資歷比她久的人。她認為，職場上只分成具備信心與沒有信心兩種人，她自認屬於後者，因為她常做錯一些小事。

她用錯誤來印證**自己是怎樣的人**，也許她的自信心不足以讓她在電視圈工作。殊不知錯誤可以只是個回饋，提醒她哪裡需要再加強學習；錯誤也可以是一面明鏡，提醒她工作生涯目前才

剛起步。每次受人責罵，她就怕別人認為她不是天生吃這行飯的人。這種擔憂讓她心力交瘁，有時還會萌生非辭不可的念頭。

丹妮兒認為人在工作上的自信（或是沒有自信）是天生注定的，這種信念即所謂的「定型心態」（fixed mindset）。我們的定型心態會展現在不同事物上，像是智力、運動能力、社交手腕、體型胖瘦等等，不管是哪種情況，定型心態是種非黑即白的思維。

以信心為例，丹妮兒就認為人只分成有信心或沒有信心兩種，而她可能屬於沒有信心這種人。她擔心那些冷靜沉著的同事是天生就如此，而她永遠都不可能變成那樣的人。這樣的想法，讓丹妮兒視工作為畏途。犯下大錯或是負面評語，對她就像是法院判決一樣。

另外有一種人則抱持稱之為「成長心態」（growth mindset）的信念。他們相信人可以改變，而且成功並非遙不可及。這不是指每個人凡事一定會成功，但至少借助特定的條件，人們能夠學習與成長。對擁有成長心態的人而言，失敗或許很痛苦，卻也視之為進步與改善的機會。

過去幾十年來，許多針對學校孩童做的研究指出，定型心態會阻礙成功。定型心態的學童喜歡從事那些能夠強化「我天生就會做」的信念之事，比如他們天生就具備科學才智或籃球技能之類的。然而，一旦難度變高，這些孩童便不再喜歡上學。他們懼怕挑戰，擔心挑戰最後會印證自己並未天生具備這項才能。若不

能得心應手，表示他們沒有天賦。

再看看以下的研究。

一項針對大學生所做的縱向研究裡，先評估大一新生是屬於定型心態還是成長心態，然後追蹤他們未來四年的表現。定型心態的學生在遇到難搞的報告或低分等學業困境時，便退縮了；然而，成長心態的學生遇到相同困境時，則會加倍努力或嘗試新的策略。四年下來，定型心態的學生沒能強化技巧，也未能增強決心，因而信心比較低落。當回顧學校種種時，他們多半聯想到痛苦、羞愧和失敗。那些成長心態的學生在校整體表現偏優，並在畢業時感覺到自信、決心、熱情、活力以及堅強。

一如在校學生，20世代如何看待成功與信心的關聯，也會深深影響他們工作上的表現。像丹妮兒如此認真工作的人，在大學時應該屬於成長心態，不然她不可能找到這麼棒的工作。但不知怎地，丹妮兒的工作心態出了問題。

不少研究都指出，一般人對智力這類特質通常不是具備強烈的定型心態就是成長心態。所以像丹妮兒這樣擁有成長心態的人，應不至於真的認定自己天生注定做不好。我猜，丹妮兒之所以相信職場上只分成有信心和沒信心兩種人，並非因為她對信心有頑固的定型心態，而是因為她對職場的認識不夠。只要丹妮兒知道職場上的自信心是如何形成後，她應該會對自己有所改觀。

信心的形成並非由內而外，而是自外向內。人們的內心之所

以不那麼焦慮，或變得更有自信，是因為他們對外貢獻了值得稱許的成就。

偽裝的自信來自對自我懷疑的壓抑，空虛的自信來自父母在餐桌上對我們所說的一成不變的讚美；真正的自信則來自於貨真價實的熟練經驗、嘗到成功果實的真實時刻，特別是得來不易的成功。無論愛情或工作，唯有靠著經驗衍生出的信心，才能夠驅除我們的不安全感。除此之外，別無他法。

常有20世代的諮商個案希望我能幫助他們增強信心。有人問我做不做催眠，並想知道催眠療法能否增強信心，但我不做催眠，而且催眠療法無法增強信心。也有人問我可不可以開些草藥給他們吃，這我也辦不到。我幫20世代建立信心的方法是提供一些不錯的資訊，讓他們帶回職場或是感情裡應用。我教他們控制好自己的情緒，也告訴他們信心的本質為何。

字面上看，信心就是「信任的心」。在研究心理學界，更精確的說法則是「自我勝任感」，亦即有效率做好事情或是達到想要結果的能力。不管用哪種解釋，總之信心就是信任自己可以把某件事做好，無論是公開演說、銷售、教書或是擔任助理。唯有先前做過那件事無數次，才可能獲得這樣的信任。就像我其他的20世代客戶一樣，丹妮兒想在工作上獲得信心，唯有認真把事情做好，但不可能每一次都完美無誤。

有時丹妮兒會想乾脆「做個服務生，或是找個不用大腦或不

會犯錯的工作」。然而，那些躲進低就工作裡的20世代，正是因為缺乏信心才做這類工作，對自己完全沒有幫助。

由於工作成就可以帶來信心，因此選擇的工作必須具挑戰性，需要付出相當的努力。它多半要獨立苦撐，無法仰賴太多協助，也不可能每天都完美無誤的達成任務。輕鬆取得的成就，長期下來反而會形成某種脆弱的信心，一旦碰上挫折就會粉碎。而更有力的信心不僅來自成功，還來自愈挫愈勇的經驗。

丹妮兒抱怨：「我大部分的工作時間都在處理我的情緒，有時候我覺得自己必須壓抑對別人發飆的衝動。唯有這樣，我才能撐住繼續辦公。」

「**這就是**一種熟練經驗呀！掌控工作情緒能夠建立自信，你會愈撐愈久，讓你獲得其他的工作成就。這需要時間，而你也需要更多的熟練經驗。」

丹妮兒問：「要多少才算夠多呢？」

我表示：「這沒有一個絕對的數字。」

她不死心追問，但以半開玩笑口吻說：「你可以給我一個大概的數字嗎？」

「好吧！大約要1萬個小時。」

「**什麼啊？**你從哪裡得出**這個數字**的呀？」丹妮兒在電話那一頭大叫。

>> 1 萬個小時換來的自信

我向丹妮兒提到研究心理學家安德斯‧艾瑞克森（K. Anders Ericsson）的著作，他可以說是專業技能方面的專家。在一項多年的研究裡，他和同事觀察了外科醫師、鋼琴家、作家、投資者、射飛鏢好手、小提琴家等各種專業人士。他們發現，多數人的技術之所以熟練、甚至爐火純青，是因為他們投注了時間。大多時候，「天生好手」只是神話。有些人或許具備先天的優勢或才能，才得以精通某樣技能，但他們同樣**也**花費了1萬小時左右的時間練習或反覆的做。

不是每個人都想成為一流的音樂家，但就我所認識的20世代，大多在自己的專業領域做得相當出色，他們也都花費了至少1萬小時才換來這樣的表現。感覺上，許多20世代的問題在於自己還懵懵懂懂、不知該做什麼的時候，工作就突然間降臨他們頭上。我們以為只要去工作，就可以立刻讓人看重或受人賞識。但現實並非如此！知道你**想做**什麼不等於你知道**怎麼做**，而就算知道**怎麼做**也不等於你真的會做得好。

20世代真正的問題在於工作本身。1萬個小時代表著5年專心投入的全職工作（40小時乘以一年50個工作週，等於每年2,000小時，再乘以5年，得出1萬小時），或是10年非全職的工作（20小時乘以一年50個工作週，等於一年1,000小時，再乘以10年，

得出1萬小時）。以我來說，我的1萬小時來自研究所那七年。丹妮兒的1萬小時可能需要五到十年在製作上投入心力。因此，她現在非得埋頭苦幹不可。

丹妮兒說：「**我的天呀！我不認為自己能為這麼瘋狂的老闆工作五年。這樣我怎麼可能熬過這1萬個小時？**」

「你不一定要待在同一份工作上，再說，你又不是從零開始。」

丹妮兒這麼說等於壓低自己的信心，完全忽略了她已經賺得的成就。這份艱難的工作她已經做了六個月，有不俗的表現，這表示她到目前已累積1,000小時。況且，她之前實習也累積了數百小時的經驗。此時，正是驗收過去成果的好時機！

她列出一張清單，記下她在學校及職場上精通的事物。她把畢業證書掛在公寓牆上，開始重視形象並穿著比較正式的服裝。她不再在午休時間打電話給父母或朋友，下班時讚許自己當天做了哪些好事。她不再老是談論自己工作上的感受，她認真的表示：「自怨自艾的時期過去了。」

丹妮兒之前不願接受別人對她工作上的回饋，因為擔心那些評語會令她難以招架。然而，沒有具體的回饋資訊，丹妮兒反而無法防患於未然。何況，正面回饋能夠讓她開心一點，負面回饋則讓她有機會做得更好。

就這樣，丹妮兒在這份工作熬過了第一年，同時在我的不斷敦促下，她向公司提出工作一年後績效評估的申請。過了好長一段時間，她那位惱人且無情的老闆終於回覆，描述丹妮兒是他多年來遇過「最棒的助理」「工作認真，就連週日也會進辦公室製作她自己的故事」「幹勁十足」而且「沉著解決問題」（講到最後一個時，她噗哧笑了出來）。丹妮兒領到了1,000美元的年終獎金，並決定將這筆獎金當做是那1萬小時裡的1,000個小時。

　　隨著一週一週過去，丹妮兒的工作愈來愈沒那麼戲劇化。事情出錯時（事情本來就會出錯），她也不再覺得受到嚴重批判。她理解到，對某事的情緒反應以及實際表現之間是有差別的，因此現在感到焦慮或無能時，她會用其他做過的好事來安撫自己。

　　就在此時，我和丹妮兒的電話諮商幾乎不再提到辭職的事。她的杏仁核很快就能平靜下來，取而代之的是額葉的頻繁活動。現在，她處理新問題時，少了情緒，多了些理性。

　　據我們的估算，丹妮兒大約累積到6,000小時後，便會開始覺得在工作上有了自信。每週日晚上，她依舊會為了新的一週開始而坐立難安，但不再像以前那麼怕她的老闆。同時她也知道，在找到更好的工作之前必須堅持下去。大約過了一年，她接到城市另一端某位助理寄來的電子郵件：

　　「我們這裡有個很棒的職缺，是製作部主任的助理。你應該跳槽來這裡，這樣你就可以一天到晚製作片子。我們在這裡找不到

合適人選，勢必會刊登徵人啟事。趁那之前趕快來卡位。P.S.製作部主任人很好哦！」

丹妮兒因此找到了新工作，正準備要離開舊東家。她說：「看來我要到別處繼續累積我的1萬個小時了！」

「太棒了！」我說。

「那麼我們現在要談什麼呢？」她問。

「感情怎麼樣呢？去年你說過你無法好好約會。」

丹妮兒馬上回說：「哦！我想要談理論派的感情，但還是無法想像花時間去認識人，更別提如何經營一段感情了。我可不可以晚點再來處理感情，**愈晚**愈好？」

我回說：「晚一點點無妨。不過你可以同時兼顧工作與愛情呀！事實上，談戀愛對你反而好呢。」

揮別過去
向前行

生活本身就是一種非常有效的治療方法。

—— 凱倫・荷妮，精神分析學家

愛情和工作是人性的兩大基石。

—— 佛洛依德，精神分析之父暨神經病學家

　　人類的個性過了30歲究竟還會不會改變？多年來一直是研究人員爭論不休的議題。許多研究顯示，大致上是不會改變的。因為30歲過後，我們的思維、情緒與行為都已經定型，個性外向的人依舊相當外向，謹慎的人還是一貫的謹慎。

　　不過，針對個性改變程度的大小，也是眾說紛紜。有一方認為，「除非遭受干預或是重大變故，不然人在30歲以後基本上個性不會再變」。另一方則比較樂觀，認為改變可能會發生，只不過

「非常微小」。姑且不論我們過了30歲個性會改變一點點還是完全不變，值得注意的是，那些各持己見的研究學者，近來都有相同的共識，而許多臨床醫師也早就這樣認為：我們的個性到二十幾歲還會改變，而且變化的幅度比**人生其他任何時期**都來得大。

這可是個天大的消息呀！畢竟長久以來，傳統說法都認為童年或青春期才是個性成型的階段。就像耶穌會格言所說的：「在孩子7歲前把他交給我，日後我會給你一個男人。」佛洛依德的個性發展理論也只到青春期。況且，媒體也一再強調，青春期是打造我們個性的最後機會。

如今我們知道，相較於其他人生階段，20世代才是改變性格的絕佳機會。我看過許多20世代從社交焦慮變成自信十足，也看過有人在相當短的時間內擺脫困擾多年的童年陰影。由於這些改變發生時，正逢長期事業與感情的抉擇關口，它們可能因此扭轉一個人的人生。所以說，20世代是我們生命以及個性轉型的關鍵時刻。

我指導過一位研究生，她對我說她不喜歡為二十幾歲的客戶諮商。她說，與年紀比較大的客戶會談時，她覺得自己就像是法醫，專門找出人們生前有哪些問題，以及導致死亡的原因。她想像自己在調查死亡案件，找出離婚、事業失敗或是其他個人挫折背後的成因。

然而，當這名研究生和二十幾歲客戶會談時，她覺得壓力大

多了。雖然她可能幫到他們的忙，但也擔心自己可能會幫倒忙。她表示，他們比年紀大的世代有更多的機會。姑且不論這名學生的論點是否正確，但至少有一件事她說對了：20世代還不到檢視死因的時機，他們的人生還沒結束，一切都還來得及。

》逆轉人生的絕佳時機

聽到父母要離婚的消息時，山姆正吃著早餐穀片。那是一個週日早晨，12歲的他再過兩個星期就要升七年級了。

山姆的母親說她在街底買了一棟房子，並向他保證生活不會有任何改變，只是多了一個家。她興高采烈的遊說山姆替她搬新家，對這樣年紀的孩子來說，用推車搬運一箱箱物品到新的環境，感覺上很興奮也很酷。如今長大後，想法更加成熟的他覺得自己當初被耍了：「我媽讓我幫太多忙，她讓我太過於享受那個過程了。」

山姆的父親和母親都想成為他日常生活的一部分，因此開學後，他每天都要換房子住。每天早上，他得打包當天及隔天可能會用到的衣物和書籍；到了隔天早上，同樣的流程又要重複一次。接下來的六年，他得成天擔憂自己遺漏了什麼，或是不滿自己必須一直東奔西跑。對山姆而言，這種「每隔一天換地方住的鳥事」純粹是為了父母親的利益，不是他自己的。這樣一來，他

的父母就能假裝生活**沒有**改變，沒有人錯失好玩的事，但山姆錯失的可多著呢！

聽山姆聊了幾次父母離婚的事之後，我開始感到壓力。我發現自己好幾次差點脫口說出：「放下吧！」可是這種催促的話非常不具同理心，尤其這些事對山姆而言非常重要。我猜我之所以會有衝動講出那樣的話，可能是因為我對山姆目前的人生了解得不夠多吧。

山姆當初會來諮商，是因為自從父母離婚之後，他便一直感到「焦慮與憤怒」。他的情緒終究會得到改善，只是我覺得一味談論過去，成效有限。於是會談裡，我刻意引導山姆多談談現在的生活，結果發現他過得並不好。

每次看到山姆，他總是揹著一個背包。背包裡頭通常放著衣服，可能還會放牙刷，因為他不知道什麼時候會回到家，事實上，他根本不知道哪裡才是他真正的家。山姆說他大約住在五個不同的地方，嚴格說來，他算是和母親與繼父同住，只是他常常借宿朋友的公寓，尤其是深夜外出後，留宿朋友家比較方便。

一如他四處過夜的情況，山姆的履歷表也是零零落落。大學畢業後，他幾乎每年換工作。目前他處於「待業休息」的狀態，表示他原本應該盡情享受失業後的快樂時光以及福利。只是，他的人生愈來愈不好玩。他悲嘆自己的人生無聊透頂，也不再像從前那麼喜歡出門，因為怕別人會問他從事什麼行業。所以，每逢

週末夜出門赴約前，他總會先灌個幾杯烈酒以平撫焦慮。聚會間只要大家話題一講到工作，山姆就渾身不自在，只好轉身去拿更烈的酒。

「好怪哦！我年紀愈大，愈覺得自己不像個男人。」山姆說。

「你是不是也沒有給自己太多感覺像男人的機會？」我順著他的話問。

就我觀察，山姆仍舊過著流浪的生活。工作和住所一個換過一個，即使二十幾歲了，他依舊奉行童年時期「每隔一天換地方住的鳥事」。難怪他會焦慮憤怒，也難怪他不覺得自己像個男人。

我對山姆說，我很高興他來諮商。我們的確有必要花時間談他父母離異的事情，以及這件事如何導致他揹著背包四處換地方住的現況。不過，我也告訴他，他不必再成天揹著背包過活了。事實上，只要繼續這麼做，他的感覺就不會改變。

「什麼事都沒希望了！我無力改變。我需要換顆新的腦袋。」某天山姆來找我，身子前傾把手肘靠在膝蓋上，雙手不斷磨蹭頭，彷彿他剛剪了一頭超級短髮。

「你的大腦的確習慣用某種方式處理事情。但我一點不覺得你沒有希望，我倒覺得挺有希望的呢！」

「為什麼？」他用一種無望的挖苦語氣問，裡頭還充滿著憤怒與焦慮。

「因為你才二十幾歲，你的大腦還會改變，你的個性也會改

變。」

「要怎麼變？」這次他問話的口吻多了好奇，少了譏諷。

「你若真想要換個腦袋，那就從生活改變做起。投身這個世界，你的感覺會好很多。」

》投資，而不是逃避成年生活

我向山姆提到佩尤研究中心（Pew Research Center）的一項研究，結果顯示有工作的20世代比沒工作的更快樂，這顛覆了我們從電影和部落格裡獲得的信念。因此我建議山姆，除了諮商，也去找份工作，而且找個固定的地方過夜，而他也在設法了。但譏諷的口氣很快又出現，山姆表示有些工作很無聊，只會讓他感覺更糟。至於固定住在一間公寓裡，總會綁住他，讓他無法去做更多想做的事。他表示，穩定的工作與住所都是他最不需要的。

山姆錯了。

世界各地許多研究都一致指出，人生到了二十幾歲會漸入佳境。我們的情緒會趨於穩定，不容易隨著生命裡的大起大落而起伏不定。我們變得更認真、更負責任，我們的社交能力變好、對人生有更大的滿意度、也更能夠和別人合作。整體而言，我們變得比較快樂、更有自信，不再如山姆形容的那麼焦慮或憤憤不平。然而，這些改變不一定發生在每個人身上。山姆不可能繼續

揹著他的大背包，然後期許自己的感覺有一天就會變好。

　　二十幾歲時，我們個性的正面改變來自研究人員所謂的「揮別過去向前行」。想讓感覺變好，靠的不是逃避成年生活，而是來自投資成年生活。我們得花上幾年的工夫，讓自己從學生變成上班族，從一夜情變成穩定交往，或是像山姆的情況從沙發變成公寓。這些改變大多與成年承諾有關 —— 對老闆、伴侶、租約、室友等的承諾，而這些承諾會改變我們在世上的生存模式，以及內在的個性。

　　在工作與愛情上的投資，會使我們的個性趨於成熟。換言之，做一名樂於合作的工作夥伴以及成功的伴侶，都會啟動個性的改變。定下來之後，我們的情緒也跟著沉穩下來。相反的，那些無法揮別過去向前行的20世代，會感到壓力、憤怒與疏離，一如山姆。

　　對周遭世界許下承諾的方式有千百種，而在二十幾歲時，有時必須用不同態度看待定下來或是成功。一段好的感情或是值得驕傲的工作也許遙不可及，但光是**朝著**這樣的目標前進，就足以讓我們更開心。那些體驗到職場成功或財務穩定感的20世代，比那些未體驗到的人更有自信、更正面也更負責任。

　　一份研究中，以近五百名年輕人為對象，追蹤他們自大學畢業一直到35歲的表現。研究發現，做好目標設定的20世代，到了

三十幾歲，通常有較大的人生意義、出色表現、動力以及幸福。藉由目標，我們確立身分，並宣告自己想成為哪一種人。透過目標，我們打造未來以及人生。目標可以說是建構成年性格的一磚一瓦，因此你有必要知道：你30歲以後的人生會變得如何，仰賴你今日所設定的目標。

不僅在工作方面，對其他人的承諾也可以帶來改變與幸福。許多歐美研究發現，穩定的感情有益於20世代，得以讓他們培養安全感與責任感，即便感情沒能維持太久也一樣。

穩定的關係可降低社交焦慮與憂鬱，因為它能減緩孤獨感，並賦予我們練習人際社交技巧的機會。我們可以學習到情緒控制以及衝突解決的方法。有了伴侶之後，我們得以在成年世界裡博得一席之地。當20世代心情低落時，穩定的感情帶給我們安全感，提供我們一個更成熟、更安心的避風港，勝過父母所能提供的。

年輕又單身是媒體一致推崇的美好形象，然而二十幾歲都始終保持單身，那種感覺並不太好。一份以二十初頭男女為對象的研究，一路追蹤他們到二十八、九歲，結果發現，那些刻意維持單身的人，只想約會或一夜情但不願許下承諾的人，其中80%不滿意這樣的生活，僅10%表示不想有伴侶。長期沒有對象對男性尤其不利，因為二十幾歲都一直保持單身，到了快30歲時，會歷經嚴重的自尊損害。

山姆的情況剛好反過來：在他感覺像男人之前，他無法投入這個世界；可是若不先投入這個世界，他就無法感覺像個男人。山姆認為真實的世界只會給他帶來更多問題，然而，若他想在二十幾歲或三十幾歲時少一些焦慮與憤怒，設定目標與許下承諾是證實有效的兩大方法。

　　於是，山姆開始找房子。剛開始，他只願意承租短期的分租房間。只是過了幾個月心靈平靜的日子後，他又開始揹起背包流浪。山姆不覺得租一間公寓有什麼好，直到他發現原來他最想要的是一條狗。

　　他極度難為情的對我說，在父母離婚之前他有過一條狗。分居之後，照顧狗兒的責任歸屬模糊不清。疏於照顧的結果是，牠開始出現行為偏差，像是咬地毯或是對人狂吠。沒多久後，狗兒就被送走了，山姆因而責怪自己沒把狗兒照顧好。我試著幫助山姆釐清，畢竟狗兒和他自己會發生這些事，都是父母的錯，不是他的。我可以感覺到，他在談這些時內心真的很難受。

　　在山姆找到一間公寓以及一條狗之後，他又恢復了活力。照顧狗兒以及遛狗讓山姆找到規律的感覺和意義，這是他多年來缺乏的。他會拿狗兒的照片給我看，並說一些關於牠的趣事。我可以說是親眼看著他的個性（以及他的人生）逐漸在改變。後來，山姆找到替人遛狗的工作，同時也擔任馴犬師的助理。很快他就存到足夠的錢自己開業，開了一間名為「狗臉歲月」的日間托狗

中心。山姆表示，這是他展開全新人生的機會。

　　狗臉歲月開幕沒多久，山姆就停止諮商了。因為工作的關係，他很難與我約固定的時間見面。幾年過後，山姆寫電子郵件告訴我他覺得自己過得更開心，也更有自信。同時，他還住在原來的公寓裡。他現在租了一間更大的倉庫做為狗臉歲月的新址，還打算擴展事業，到城市的另一邊再開一間店，還自願幫忙培育導盲犬幼犬。同時，他目前有個穩定交往的對象。

　　山姆說他還沒準備好要結婚，但他不斷在思考為人父母要注意的事。長久以來，他一直很氣自己的父母，也氣自己讓他們照顧那麼久的時間，因此忘了原來照顧人或物就是他的優勢。他真的很懂得照顧，而且在這過程裡他感覺很開心。他立志當一位好爸爸，這也是他這輩子不願錯過的心願。

生男孕女
不嫌早

生育能力的管理是成年生涯中最重要的一項功能。

── 潔玫・葛瑞爾（Germaine Greer），女性主義論者

　　之前媒體一窩蜂報導黛咪・摩兒（Demi Moore）的新聞：47歲的她宣稱想替當時32歲的老公艾希頓・庫奇（Ashton Kutcher）生個孩子。黛咪・摩兒在2010年5月號英國版 *Elle* 雜誌的專訪裡表示：「我們討論過這件事了，我們都想生小孩。他是個非常稱職的父親，很會照顧我女兒。若是我們有了自己共同的小孩，相信未來的人生旅程一定會非常美好。」

　　那篇報導並未提到黛咪・摩兒是想採用捐贈者的卵子、還是用傳統方式自然懷孕。媒體報導的標題全都只是：「黛咪・摩兒想替艾希頓・庫奇生子！」「黛咪・摩兒和艾希頓・庫奇準備做人！」「艾希頓・庫奇要黛咪・摩兒替他生小孩！」我覺得這些標

題十分不妥。我可以想見，所有看到這則新聞的年輕女性都以為黛咪‧摩兒打破生物時鐘的限制，女人年過四十也能保持如此年輕的外貌。不幸的是，情況沒那麼簡單。

》早知道，早幸福

隨著平均壽命的延長，加上年輕人普遍為了唸書和工作而晚婚，愈來愈多夫妻到30歲、甚至40歲才生下第一胎。佩尤研究中心於2010年發表了一篇名為〈美國母親的新人口統計〉論文，指出現代的母親年紀比以前大，教育程度也比過去高。如今，35歲以上生子的母親，人數已超過青少年生子的人數。第一胎生產的平均年齡是25歲，同時，生第一胎的人當中有三分之一超過30歲。過去二十年間，選擇在35~39歲生子的女性，成長將近50%；而選擇在40~44歲生子的女性，則成長了80%。

許多人認為，工作和愛情還沒著落之前不應生小孩；同時有許多研究指出，教育程度高的母親對孩子有很大助益。此外，史上頭一遭出現職場女性的人數高於男性，這表示有愈來愈多女人（男人也是）必須在工作與家庭中取得平衡。可是，這些並沒有改變我們生理運作的方式，只是讓我們變得比以前更需要了解生育力的本質。

生育力感覺上好像是30世代或40世代讀者才必須知道的議

題，其實不然。在另一篇佩尤研究中心的論文裡，研究人員請20世代說出人生最重要的事情，大部分人（52%）認為當一名好爸爸或好媽媽是他們人生最重要的目標。排名第二的是成功的婚姻，占了30%。另外，15%的人最想有一份高薪工作，9%最愛自由自在，最後有1%的人想要成名。

從這份數據可以得知，大多數的20世代想要擁有美滿的家庭，就算不是現在，總有一天也會要。因此，這些20世代有權利知道，未來幾年是他們生育能力最佳的狀態。他們有權獲知生育力的統計數據，等到自己也成為統計數據那就太遲了。

接下來會出現一些嚴肅的數據，與35歲以後生子有關。醫學本身就是一門「充滿不確定性的科學以及或然率的藝術」，這句話尤其適用於生殖醫學。生殖醫學是一種不完美的科學，因此，並非所有35歲以下的女人想生就生得出小孩，也並非所有35歲以上的女人就不容易生出孩子。不過，針對所有想生孩子的人來說，有些和年紀有關的變化仍須先弄清楚。

經過許多科學研究證實，這些變化大多與女性生育能力有關。而且生物時鐘催促的不只是女性，男性也逃不過。愈來愈多研究指出，愈老的精子愈容易生下神經認知有問題的孩童，像是自閉症、精神分裂症、失讀症、智能不足等。為了這個原因，以及接下來會提到的種種原因，男性女性都應該認真考慮生孩子的時機。

老實說，我兩個小孩都是在我三十幾歲生的 —— 明確說來，是35歲和37歲。就像大多數20世代一樣，我想先衝刺事業，再來生小孩，我也的確這麼做了。懷老大八個月時，我挺著大肚子步履蹣跚的上台領我的博士證書；懷老二時，我的私人診所剛開業，並在大學任教。從那時開始，我學到許多與生育力相關的知識 —— 我自己的、客戶的、還有女性生育力的概論。35歲之後才生兩個小孩，雖然不如我原先想像的順利，但回想起來，我覺得自己還算幸運。很多女人就沒這麼幸運，凱特琳就是一例。

凱特琳35歲時認識了班恩，兩人約會兩年後她來我這裡諮商，談論結婚前的準備事項。凱特琳談到很多婚禮的事，卻從沒提過孩子。這讓我以為她並不想要小孩，不過我還是決定問看看：「那小孩呢？」

凱特琳好像有些退縮：「我不知道，我還沒決定耶！」

凱特琳的回應讓我很不舒服，不是針對她個人，而是整個文化 —— 不斷向女人洗腦，要不要生孩子以後再考慮，等三十五、六歲再說都還來得及。我想起最近讀到的一篇文章，某位女性覺得自己被誤導了，大家都說「38或40歲前」只要她想懷孕，就會成功。凱特琳似乎也相信這樣的說法。

我表示：「那麼現在就決定吧！你總不想等到你生不出孩子後，才發覺生孩子對你有多麼重要吧？！」

「現在做決定有什麼好呀？我連婚都還沒結……。」

「婚一定會結，沒問題的。不然先懷孕也行，要知道結婚容易，生孩子就沒那麼簡單了。」

「但是我想要跟其他朋友一樣，辦一場盛大的婚禮。我想要穿得美美的照一大堆相片。你知道我參加過多少婚禮，買過多少結婚禮物嗎？我覺得這兩三年內，我們應該都不會訂婚或結婚，至少讓我們享受一段沒有小孩的時光，不是很好嗎？」

「這些都很好，我知道婚姻是人生大事，等了那麼久是該要有一場盛大的婚禮。不過，我只是希望你想清楚，你真的不優先考慮生小孩嗎？」

凱特琳一副被我弄得很煩的樣子，她說：「生小孩是四十幾歲的事，現在愈來愈多人這樣做。我有兩個40歲的朋友都剛生小孩，好萊塢明星不也都這樣嗎？」

我回說：「沒錯，現在有愈來愈多的女人這樣做。但也有很多人**沒法**這麼做。我們的確常聽到某個朋友或是好萊塢女星四十幾歲生子，然而若進一步細查，通常會發現她們之前做過半打的生育療程。不然你可以從一般40世代女性的統計數據裡發現，許多人想要孩子卻生不出來。只不過，這些話題不會成為報紙頭條。」

凱特琳的判斷其實來自一種不理性的思維，稱之為「可得性捷思」（availability heuristic）。可得性捷思是一種抄捷徑的思考方

式：我們做決策時是根據腦中想出某個例子的難易度來判斷，記憶愈可得，就愈可能做那件事。凱特琳說得沒錯，現代年紀大的婦女生孩子的比率的確比以前高。像她自己就認識兩個40歲順利產子的女性，還可以想到許多知名女性的例子。然而她並不知道在接近40歲時懷孕生子的統計數值，她不知道這個數值實際上有多低！

》數字會說話：生育力警報

女人的生育能力在二十八、九歲到達頂峰；從生物學角度來看，20世代對大多女人而言最容易懷孕生子。生育能力到了30歲左右和35歲左右會逐步下降，屆時女性懷孕或足月產子的能力便大幅降低。到了40歲，生育能力更是低到谷底。

這是因為女人到了三、四十歲，會經歷兩項與年紀相關的變化：卵子品質降低，以及內分泌系統的功能變弱，後者負責調節荷爾蒙，告訴身體做好懷孕的準備。這些變化出現後，懷孕就變得沒那麼容易，就算懷孕也很難保住胎兒。品質不好的卵子很難著床與成熟，就連優質的卵子也可能因為荷爾蒙出錯，而被輸送到不對的地方。

相較於二十幾歲的自己，三十幾歲女性的生育力大概不到一半；35歲時，大約剩四分之一；到了40歲，生育力約莫只剩下

八分之一。這也說明了為何2007年美國的實際出生基率會是如此 ❿：大約100萬個嬰兒由20~24歲的母親產下，另外100萬個由25~29歲的母親產下，將近100萬個由30~34歲的母親產下，大約50萬個由35~39歲的母親產下；只有約莫10萬個嬰兒由40~44歲的母親產下，不到1萬個由45歲以上的婦女生出來。

　　凱特琳的盛大婚禮終於在她38歲時實現，一結完婚她便開始試著懷孕，但遲遲未成功。歷經一年的嘗試與兩次的流產，她和先生決定去看生育專家。凱特琳確信，透過有效的治療，她很快就會懷孕。

　　生育能力降低的主要徵狀是難以受孕，以及難以保住孩子。採用自然懷孕方式的話，35歲以前的女性每次週期大約有20~25%的受孕機會，所以年輕女性平均持續做愛四到五個月便可能懷孕。過了35歲，每次週期的受孕機會開始大幅銳減，40歲時剩下5%，41歲時剩3%，42歲時只剩2%。換句話說，40歲的女性平均要嘗試二十個月以上，才可能懷孕。況且，嘗試的時間愈長，受孕的機會愈低。更糟的是，女性過了35歲，流產率會逐年上升：35歲後，流產率為四分之一；40歲以後為二分之一。因此，對凱特琳和班恩這樣的夫妻而言，35歲以後的人生，可能是一連串的期望與失落。

　　許多與凱特琳和班恩一樣嘗試懷孕卻不成功的夫妻，多半會

求助於生育治療專家。有時成功了，我們就會聽到好消息；但大多時候是失敗的，而這樣的壞消息我們通常聽不到。

此外，懷孕生子的難度還可以從某種指標得知，亦即從各個年紀所需的花費來看。20世代夫妻花在生育療程的平均費用為25,000美元；35歲以下的夫妻，花費大約35,000美元；過了35歲，隨著懷孕難度愈來愈高，花費也隨之增高。到了40歲，為了順利生子而求助生育治療的夫妻，一胎大約平均要支付10萬美元。42歲左右，一胎順產嬰兒的平均花費則飆升至30萬美元。

就算錢不是問題，自然老化依舊是個困擾。因此，生育治療的失敗率始終高於成功率。35歲過後，人工受孕——將精子注入子宮的人工授精法，有90~95%的**失敗**率。體外人工受精（IVF）——又稱試管嬰兒，讓精子和卵子在體外結合再植入子宮，成功率只有10~20%。由於年紀愈大的女性生育治療的失敗率愈高，因此許多人工生殖中心不願替四十幾歲的婦女治療。因為高失敗率會拉低整體的成功率，影響診所的聲譽。

令人難過的是，凱特琳和班恩一直未能生出小孩。凱特琳試過人工受孕，做過幾次體外人工受精，也做了荷爾蒙治療，但沒有一樣成功。到了43歲，診所不願再治療，醫師建議捐卵或領養，只不過那時班恩和凱特琳已耗盡體力和財力，無以為繼。和凱特琳的諮商過程，從一開始談她上網物色結婚場地到尋求生子的方法，到現在我們的會談主要都在處理她的悲傷。

1970 年時，每十名 40 世代婦女中有一位沒有子嗣。今日，每五名就有一名。事實上，愈來愈多的男女選擇不生。做人父母可能很有意義，但它同樣也如做牛做馬般辛苦，同時極耗費心力。於是，有些夫妻選擇不當爸媽，把心力全放在工作或其他夢想上。

不過，根據一項美國家庭成長調查（National Survey of Family Growth），無子嗣的夫妻中有大約一半並非**不想要**孩子，就像凱特琳和班恩一樣。這些人多半是三、四十幾歲的男女，他們感嘆自己沒能早一點正視生育力問題，譬如在二十幾歲就先規劃；就算那時還沒準備要生小孩，但至少可以先調整好工作與家庭，或許現在結果就會不同了。

生育力感覺上好像只是女性的問題，但由於愈來愈多的夫妻到三、四十歲才生第一胎，因此時機對男或對女都一樣重要。在上述數據裡，我們看不到的是無數三、四十歲的男男女女，無論異性戀或同性戀，即便順利得子，卻驚訝的發現過程如此辛苦。同時，他們有感於現代婚姻受到懷孕生子與教養的極大影響，這些辛酸生育專家不會聽到，但心理學家聽得到。

當度蜜月還得量體溫算排卵期，做愛還要選擇適合受孕的黃道吉日，此時它影響到的不只女性，也**包括男性**。許多夫妻歷經多次的生育療程，讓婚姻、懷孕、甚至嬰兒出生後都蒙上焦慮與壓力的陰影。想生下血緣兒女的女同志伴侶或單身女性，當然也

必須經歷生育治療，而且愈晚做愈難成功，花費也愈大。有太多男女哀嘆自己想要小孩卻沒能生出一兒半女，或是沒法替他們的獨生子女添個弟弟或妹妹，等他們發現時都已經來不及了，殊不知這是他們二十幾歲就種下的因。

那些順利生子的夫妻就沒有問題了嗎？根據一份2010年的研究顯示，光是延遲結婚生子的時機，就足以提高家庭生活的壓力。婚禮才剛落幕馬上就得忙生小孩的事，新婚夫妻一下子就被推進研究人員所謂的「高度婚姻緊張期」。尤其是當孩子還小但事業又正處高峰，情況會更嚴重。

一份針對父母的調查指出，有一半的人覺得陪伴幼子的時間太少，有三分之二覺得沒空陪自己的另一半，另外有三分之二的人覺得沒有自己的時間。一篇與上述研究相關的文章則揭露出另一個問題，裡頭是這麼寫的：「許多男女感到心力交瘁與壓力，因為他們一方面要照顧二十幾歲還無法完全獨立的孩子，一方面還要擔心八旬父母日益衰退的健康。」

「二十幾歲的孩子？」讀文章時，我冒出這樣的疑問。

≫ 中年生子，上下兩代兩頭忙

在今日社會裡，受到晚婚與中年生子影響的人不少，因此像這樣蠟燭兩頭燒還滿普遍的 —— 不論是二十幾歲還在唸書的

小孩，還是安養院的父母親，兩邊需求都輕忽不得。然而，這樣的分析還是過於短視。因為假如你在35~40歲生小孩，他們也在35~40歲生小孩，那麼再過一個世代這種蠟燭兩頭燒的情形就會更普遍，尤其是許多受高等教育的人希望愈晚生子愈好。只不過，到時候蠟燭的兩端就不再是二十幾歲的孩子與八旬父母，而是**學步兒與八旬父母**。而且，過不了多久，大多數人就必須在事業最需衝刺的顛峰期，同時面臨兩組親人必須完全仰賴他人照顧的窘境。

當祖父母不能幫忙顧小孩、當夫婦兩人週末出去時沒法托他們看小孩時，事情會變得不一樣。然而，這還不包括世代之間嚴重的代溝問題。光是想像一位80歲老祖母到醫院探視剛出世的孫子，這樣的畫面就夠令人心酸。一想到小孫子沒有太多時間和祖父坐在湖邊曬太陽，沒有時間多和祖母共渡假期，也是很難受。明知道這樣想很奇怪，但是在我們望著自己的孩子時，還是忍不住想著他們剩多少時間能和祖父母相處，甚至與我們相處的時光還有多長。

誰最能表達這種心境呢？我第一個想到的是比利。比利不是特立獨行的人，他很聰明，有大學學歷。年輕時聽人家說，二十幾歲時是玩樂冒險的最後機會，於是他當時的人生目標就是「沒有遺憾，留下無數的回憶」。可是二十幾歲的冒險歷程結束後，留

給比利的卻盡是遺憾；他發覺那些冒險並沒有他最初想的那麼重要、甚至也不值得回憶。

比利來我這裡諮商時大約35歲，結了婚，有個年幼的兒子，正在衝刺事業。為了同時兼顧每一件事，他倍感壓力，經常覺得自己無法給予工作和家庭足夠的心力。某一天在辦公室時，他的胸口和頭部異常的痛，於是打電話叫妻子載他去醫院。隔天他照了MRI，所幸沒有太大的問題，只是因此萌生一些感觸。

之後的會談裡我什麼都沒講，只是靜靜聽他說。他的經歷讓我聽了很感動，我完全不想打斷他。我希望全天下的20世代都能聽見比利的這席話：

所以我做了MRI，真他媽的恐怖！被關在一個小小的磁鐵棺材裡，耳邊盡是颼颼砰砰聲，而且一直伴隨著警報器的聲響。整間無菌室裡，只擺了這麼一部儀器，操作員坐在隔壁的小房間裡。那時才早上七點半，冷得要命。

過程中他們給我戴上一副耳機，播的是電台音樂，藉此蓋過部分噪音。裡頭剛好播放奧茲‧奧斯朋（Ozzy Osbourne）的歌耶！

有一度我覺得好笑，但整件事真的很諷刺，也可以說很可悲。在那一刻，我覺得我的人生只剩下奧茲‧奧斯朋，其他都無關緊要了。我實在很擔心外頭的人會發現我的想法。

而且，有趣，不，應該說**悲傷**的是我的人生並未從我眼前閃過，啥都沒有！我已經38歲，心中只想著兩件事：我握著兒子小手的觸感，還有我不想丟下老婆一人獨自面對人生。當下我很清楚，我一點也不怕失去我的過去，反倒很怕失去我的未來。我甚至覺得，我的人生到最近這幾年才開始有了意義。

　　我知道，未來還會有很多美好的事物，我很懊惱也很驚恐，擔心自己無法看到兒子騎腳踏車、踢足球、從大學畢業、結婚生子。再說，我的事業才剛上軌道。

　　還好檢查出來沒事，感謝上帝。不過，這讓我不得不正視某些事。MRI做過後幾天，我去找我固定看的醫師，請她一定要照顧好我的健康，保證我可以再活二十年以上。

　　她表示，最近常碰到像我這樣的人。她說我們不像那些二十多歲就生小孩的人，可以輕鬆走到原本預設的終點，沒什麼好擔心的。我們這些人孩子還小，總是一進門劈頭就說：「嘿，我必須保持健康，至少要活到我每個孩子都大學畢業。**請你**保證我能夠活到那個時候！」超扯的，不是嗎？

　　我實在不能理解，甚至感到難過，為什麼我花了那麼多時間在微不足道的事情上。花了那麼多年做了那麼多事，和一堆人鬼混，但全都不值得回憶。究竟為了什麼？我二十幾歲時的確過得很開心，但有必要花**八年的時間**做那些事嗎？

　　躺在MRI儀器裡，我不禁想，要是早點成熟的話，我就可以

用跑趴的五年、或耽溺在咖啡廳的五年，換取我和兒子多相處五年的時間。為什麼當初沒有人教我這些事，跟我說我只是在浪費人生？

開始人生與擁有人生
的時間差

順應時間而行，它是最睿智的顧問。

—— 普盧塔克（Plutarch），歷史學家

要成就偉大的事，需要兩件事：一個計畫，以及不太夠的時間。

—— 倫納德·伯恩斯坦（Leonard Bernstein），作曲家

    1960年，23歲的法國洞窟學家米歇爾·西佛伊（Michel Siffre）花了兩個月的時間待在洞穴裡。西佛伊希望跳脫時間生活，同時隔絕光線、聲音以及溫度。他很好奇在沒有特定標記的情況下，人類是如何感受時間的。西佛伊離開洞穴時，以為在地底下待了二十五天，其實還不到實際天數的一半。也就是說，西佛伊失去了時間感。之後幾十年間也有過許多類似的研究，於是我們知道在長時間、無間歇的情況下，大腦很難維持時間感；我

們會壓縮未標記的時間。隨著日子一天天、一年年過去，我們會說：「時間到底跑哪去了？」

二十幾歲這些年，就像跳脫時間在過活。求學的那段日子精確切割成學期大小的一塊一塊區段，裡頭還富含各種目標。踏出校門之後，突然之間，人生大門打開了，不再有課程表可供參考。我們眼前有日子、星期、月份以及年份等不同長度的時間，但我們並不清楚何時該做某事，又為什麼要做。那種感覺就像在洞穴裡生活，失去了判斷力。誠如某位20世代犀利指出的：「對二十幾歲的人來說，時間是個全新的概念。眼前矗立的是一大團的時間，卻有一大堆事等著要發生。」

》即時傾向：今朝有酒今朝醉

史丹佛大學的蘿拉·卡斯藤森（Laura Carstensen）是研究時間的專家。她21歲時發生車禍，住院住了好幾個月。住院期間，她開始思考年輕人和老年人是如何看待自己在世上剩下的歲月。這樣的念頭讓她開始以鑽研時間為志業，探討人類如何看待年紀與時間，以及這些看法如何影響我們未來的人生。

最近一次的計畫裡，卡斯藤森以20世代為研究對象，探索他們存或不存退休金的背後原因。容我說句老實話，在我諮商20世代的客戶這麼多年以來，從來沒有聽任何人提起退休金規劃的

議題。20世代能夠存錢當然是好事，只不過光是支付帳單和償還債務就夠他們受的了。因此，當我發現卡斯藤森的焦點是退休金時，我非常有興趣了解。同時，吸引我的還有她採用的方法。

卡斯藤森利用虛擬實境的科技，幫助20世代想像未來自己的模樣。實驗中的一個情境裡，25名受測者進入一間打造成虛擬實境的環境，裡頭有一面虛擬的鏡子，他們可以看到現在的自己以數位影像呈現在鏡子裡。在另外一個情境中，不同的25名受測者進入同一間虛擬實境的環境，不過鏡子裡看到的數位影像是模擬未來的自己。換句話說，這一組人看到鏡像是幾十年後的老年自己。

這些人從虛擬實境的環境走出來後，被問到假設有退休存款帳戶，他們打算存多少錢。那些看到自己現在影像的受測者，平均會存薪水中的73.90美元。至於看到自己未來影像的受測者，則平均存178.10美元，比前一組多出一倍有餘。

這項研究活生生揭露出人類行為的一項核心問題：即時傾向（present bias）。人們無論老少，無論從事哪種職業，都會對未來打折扣。我們比較重視今天能拿到的獎賞，勝過於明天的賞賜。我們寧可這個月拿100元，也不願等到下個月拿150元。我們現在買了巧克力蛋糕和新衣服、去上健身房，再來想怎麼支付信用卡帳單。這不是20世代特有的傾向，這是全人類共通的傾向！所以才會出現成癮、拖延、健康變壞、車開到沒油的問題，當然這也

關係到存不存退休金的問題。通常我們很難想像未來才會發生的事，更別說看重它們了。

不過，20世代特別容易有即時傾向的問題。這時他們大腦的前瞻思考能力仍處發展階段，因此預先考慮未來結果與計畫的能力還不夠成熟。就算他們為了人生的難題緊張求助於好友或長輩，別人多半也只是摸摸他們的頭，說些聽到快膩了的話，像是「沒問題的啦！反正你還年輕呀！」

同時，20世代無論做什麼，旁人總會熱情說些老掉牙的話，像是「年輕只有一回」或是「趁現在盡情享樂」，這樣的訊息都在鼓勵冒險行為，像是：跑趴、多重性伴侶、逃避責任、懶惰、不去找份真正的工作。然而，長遠來看，這些行為並不會真的讓我們開心。

20世代一而再、再而三聽到別人說他們有無限的時間，不必這麼早面對可怕的成年世界，但其實也沒有多少時間體驗到真正美好的事物。於是，活在當下輕鬆多了。要連結現在和未來，太費心力了。

某天下午我在一家服飾店看衣服，無意間聽到兩位二十幾歲店員的對話。他們一邊折衣服一邊聊天，男店員對女店員大概是這麼說的：「每個人都叫我戒煙。我幹嘛要戒呀？就為了可以活到95歲？活那麼老幹嘛呀？朋友全死光了，又沒有生活品質！若是

戒煙可以讓我重新活20歲這十年，那我願意。我才28歲，為什麼我要停止享樂，只為了活到九十幾歲？」

我很想把這名店員丟進虛擬實境的房間裡，讓他看看罹患肺癌的慘狀。不然就是和他聊聊，問他到了31歲還在折衣服的話會怎麼想。不過反正他又不是我的客戶，還是省省口水吧！

接下來那一整天，以及之後的幾天，我反覆想著這名年輕男子的話語。他的話其實與雪茄或健康無關，而是和時間有關。他的重點不只是活在當下，而且最讓我最匪夷所思的是，28歲到85歲之間對他而言彷彿都是空白。好像他的人生過完二十幾歲，隔一天就垂垂老矣。他完全沒有提到三十幾、四十幾、六十幾或七十幾歲，更不用說想像自己在那些年紀的模樣。像他這樣成天與同齡朋友混在一塊的20世代，怎麼可能想到那麼遠？他以為未來的每一天都會像今天一樣。

許多文化會用骷髏頭和凋零花朵這類的「死亡象徵」（memento mori）提醒我們人難免一死，這些象徵在藝術界或市集上常看到。過去幾個世紀裡，常見到有人拿著一朵枯萎玫瑰坐著讓人畫像，也有人戴著骷髏頭形狀的手錶，警惕自己時間飛逝。在我執業期間，我注意到許多20世代很難預想自己的**人生**，尤其那些成天與其他20世代在一塊的人。我想，他們需要的是「活著的象徵」（memento vivi），幫助他們記住自己還會活下去。他們需要某些東西提醒自己人生過了二十幾歲仍舊會繼續下去，還可

能會非常美好。

　　瑞秋從公共健康研究所休學後，一直在餐廳吧台當酒保。她不喜歡健康研究的領域，並認為她在大學所唸的美國研究學位，可能比較適合從事法律。問題是，從研究所休學已經兩年，她到現在連JD課程都還沒開始申請。（譯注：JD是美國的法律學士，大學畢業後必須再唸三年的法律學院才能取得此學位。）

　　瑞秋上的是夜班，因此經常下了班就關起門和其他員工在裡頭開趴玩樂。然後隔天睡到很晚，下午再和一些沒有工作的朋友見面。某天晚上她和朋友出去，有一位女性友人到她家過夜，隔天早上十點鐘那人突然從床上跳起來，驚呼：「天呀！不敢相信我竟然睡到這麼晚！我有成千上萬的事要做，我得走了！」那天瑞秋來到我辦公室時，對自己常常睡到中午感到羞愧，她表示：「我覺得自己毫無方向，我就是沒有時間感。」

　　我問她什麼事讓她毫無方向，她開始抱怨因為上晚班，讓她與外面的世界脫節。她說，然後一天到晚都有很多雜事要辦，也要忙著釣凱子，而且她成天「不是花在看《法網遊龍》，就是想一些有的沒的。」她還說，就算想做點正事，也很容易發懶就不想做了。「我會盯著電腦，試圖寫信請以前的助教幫忙要推薦函去申

請法學院，或是其他的正事。雖然我知道這才是我該做的，但當有人找我聊天或傳簡訊給我時，我又覺得鬆了一口氣。看來我必須想想別的辦法！」

某天下午瑞秋來諮商前，剛替同事代完午餐的班。她進來後把袋子往沙發上一丟，邊坐下邊嘟嚷道：「我真受不了餐廳的工作，我**討厭**午餐的人潮。這些客人像大爺一樣，把服務生和酒保當成廢柴。只要我想要，我也可以做他們那種工作。」

當諮商個案受夠了做某件事，而我也受夠了一直反覆聽到某件事時，通常表示改變的時機到了。於是我說：「那我們就來談這個部分吧！你可以做哪種人的工作呢？」

「律師呀！他們也沒比我聰明到哪去……。」

「好，很好。他們也許沒有你聰明，但他們做了某些事才有今日的成就。」

「譬如唸法學院，這我知道。」

「不只這樣，還有LSAT準備課程以及LSAT考試、申請表、推薦函、面試、三年法學院及暑期實習、法庭觀摩，最後還要找工作。」

「好啦，我**知道啦！**」瑞秋嘶吼著。

我沉默了一會兒，等她氣消了一點，我才又接著說：「非得像我這樣給你施壓才行。」

「我知道你只是盡你的職責。可是大家做事的時機都比以往延

後很多，像現在每個人都到三十幾歲才開始真正的人生。」

　　我腦中閃過我那些三十幾歲的客戶，並說：「三十幾歲**擁有**人生，跟三十幾歲**開始**人生之間有很大的區別。」我走到桌子旁拿出一塊筆記板、再拿幾張紙和一支鉛筆。「我打算做一份時間表，幫忙一起填寫吧！」

　　「我—不—要—時間表！」瑞秋拖長聲調說，外加一臉的驚恐。她接著說：「我不要像那些女生一樣，在手機上放訂婚戒指照片給單身女性友人看呢！我就收到過！我跟每個人說，我要到40歲再結婚，45歲生第一胎。我才**不要**什麼時間表呢！」

　　我回說：「聽起來你就是需要一個。」

≫具體精算未來

　　那些把現在和未來刻意隔得很遠的20世代，他們的即時傾向尤其強烈。愛情或工作可以看起來遙不可及，就像瑞秋一樣，把婚姻和生孩子的事拋到幾十年後。若是我們成天都與不想談論未來的同類朋友混在一塊，未來看起來會更遙遙無期。再說，如果我們想像自己最後在別的地方定下來，感覺上未來離我們更是有千里之遠。

　　問題是，覺得未來很遙遠的念頭，只會讓未來更抽象；一旦我們感覺未來太抽象，又把它推得更遙遠，這樣循環下去只會沒

完沒了。愛情和工作看似愈遙遠，我們就愈不覺得有必要正視；愈不正視，我們離它們就愈遙遠。於是我從時間表著手，試著把未來拉近距離，讓瑞秋能夠更具象思考未來。

「你現在26歲，你打算什麼時候申請法學院？」我手中拿著筆準備寫下她的回答。

「我不能確定，你的時間表讓我好緊張。」她笑了一會兒並接著說：「我討厭承諾明年以後的事，但30歲以前絕對會著手法學院的事，我絕不會到了30歲還在吧台調酒。」

「好吧！你若是30歲開始準備，法學院要唸三年，在那之前至少要花一年通過LSAT、提出申請、取得推薦函。法學院畢業後或許要再花個一年法庭觀摩，並找到工作。這少說要花上五年時間。所以，若你打算30歲開始，那麼五年後，35歲的你就會跟餐廳裡遇到的那些律師從事一樣的工作。聽起來如何呢？」

「感覺還可以……」

「你說你想什麼時候結婚？40歲嗎？」我寫在時間表上。

這時瑞秋躊躇了起來。

「然後45歲生小孩，真的嗎？」

「沒有，不是真的。我只是說，那些事對我來說都還好遠，我現在還不想去管它們。」

「是啊，你把它們擺在那麼遙遠又抽象的地方。那你究竟什麼時候才真的要結婚生子呢？」我一邊擦掉剛寫的字，一邊問她。

「我一定會在35歲前生第一個小孩,至於結婚,應該就在那之前不久吧,我猜。我可不想要當一個**老媽媽**。」

「這樣講清楚多了。」我邊說邊修改時間表:「那麼30到35歲之間,你打算唸法學院,同時結婚生子囉!這五年你會忙**翻**了。你覺得唸法學院時生小孩怎麼樣?」

「那聽起來很可怕耶!我不打算這麼做。再說,生了小孩之後,我不想要全職工作。」

「你可能現在就結婚生子嗎?」

「不可能啦!醫生,我現在連交往的對象都沒呢!」

「瑞秋,這樣的話就前後不一致了。你計畫在30到35歲完成所有這些事,可是又說你不想要同時做這些事情。」

「沒錯,我不想要。」

「既然如此,現在就得準備法學院的事。」

「我想現在我也應該停止胡亂約會,不再隨便跟不那麼喜歡的人出去。」瑞秋接著說。

「或許吧!」我附和。

≫ 走向幸福的前程

法學院對瑞秋不再遙遠,它變得更加具體。她開始買書準備法學院的考試,並列出一張清單,要做哪些事才能成為律師,變

成像那些餐廳客人一樣。她辭去吧台工作，在一家律師事務所找到差事，也比較容易要到推薦函。她努力在LSAT拚高分，以彌補不太理想的大學成績。

大約過了兩年，瑞秋取得賓州一所法學院的入學資格。

瑞秋之前聽別人說「大家做事的時機都比以往延後許多」，可是這句話對她二十幾歲的人生來說太過模糊。一旦她能夠預見計畫中的三十幾歲生涯，二十幾歲要做的事就變得更清晰也更迫切。時間表或許不像虛擬實境的房間，但它可以幫助我們的大腦看清時間的本質：時間是有限的。同時，時間表也可以給我們清晨早起、邁向未來的理由。

20世代是我們開始建立自我時間感、規劃自己未來要怎樣走的時期。然而，我們很難知道何時要成家、何時該立業。於是容易繼續過著毫無方向的生活，與所有事情都保持距離。可是，跳脫時間過日子的20世代通常不快樂；感覺就像在洞穴裡生活一樣，不知道時間過到哪兒，也不知道自己該做什麼，又為何要做。大多時候，等知道時都太遲了。

瑞秋唸法學院時，捎來了一封信：

我以為只要我不踏進成年世界，時間就會終止。但時間並未停止，它持續流逝，而我身旁的人也都持續在向前走。如今我發覺自己也必須向前走，而且要不斷走下去。我試著規劃未來要做

的事，像是五公里路跑賽或是暑假實習計畫，如此一來，我愈來愈懂得放眼未來。

此外，我在這裡最好的朋友是名醫學院學生，她33歲，大我幾乎整整五歲，我們每天都有聊不完的話。我實在不敢想像她已經過了20世代，但她人生所在的位置，以及她現在所做的事，跟我現在差不了多遠。這讓我理解到，我二十幾歲的日子也即將飛逝，所以很慶幸能夠像現在這樣體驗幾年毫無負擔、沒有拘束的日子。換句話說，我很開心能回到學校唸書，目前甚至還在城裡的一家法律諮詢中心工作。事實上，能夠擁有健康保險與退休福利，讓我超興奮的。我想享受二十幾歲的人生，但也想要有幸福的結局。

要怎樣才會有幸福的結局呢？約翰‧厄文（John Irving）應該有答案。厄文是我最喜愛的作家之一，他常描述橫跨多代的史詩般長篇小說；這麼浩大的作品，前後情節總是連貫得起來。他是怎麼辦到的？他表示：「我向來從最後一句開始寫，接著再往回寫，回推整個情節，最後到故事最初始的地方。」聽起來大費周章，完全不像我們印象中的大文豪，只要一坐下拿起筆，故事就行雲流水般自動顯現。從厄文的話中我們才知道，原來好的故事以及幸福的結局不會自動出現，要費心努力才能得到。

雖說大多數的20世代無法寫下他們人生的最後一行句子，

但只要施以壓力，他們通常可以指出自己三十幾歲、四十幾歲或六十幾歲想要的、或是不想要的事物。只要從那個時間點往前回推算，就能夠譜出橫跨多代的史詩小說，並擁有幸福的結局。如此一來，人生也才能夠與時間同步前進。

我會成功嗎？

到了我這個年紀，最棒的一件事就是知道我的人生是如何成功的。
—— 史考特・亞當斯（Scott Adams），漫畫家

　　緊鄰洛磯山國家公園入口有個標示，上頭以大大的粗體字寫著：「高山無情」。這個標示是要提醒登山客做好準備，防範閃電、山崩，並備齊適當的裝備。我第一次看到這則警語時大約才25歲，當時覺得很可怕，但印象中我看了就立刻喜歡上這句話。

　　它說得明明白白，提醒我到荒郊野外時會碰什麼樣的狀況，我必須做好萬全準備。假如我近傍晚時在山頂碰上大雷雨，不管我能不能早一步趕下山，跟我是不是好人，都沒有差別了。成年生活就有點像這樣，有些事情就是改變不了。最聰明的方式，就是盡你所能的了解它們。

　　我那些二十幾歲的客戶，幾乎每個人都用不同的方式問過同

樣的問題：「我會成功嗎？」問題背後的不確定感，讓20世代的人生過得很辛苦。然而，正因這樣的不確定感，20世代更應該、也有必要採取行動。

未知的未來讓人惶惶不安，何況，想到自己在二十幾歲時做的每件事都可能左右我們的未來，我們的心情更加沉重。因此，若是想像這幾年的工作和感情都不算數的話，會讓我們欣慰許多。然而，就我研究成人發展這麼多年的經驗，這樣的欣慰不可能持久。再加上多年聆聽客戶與學生的私密心事，我很清楚20世代內心深處其實想要別人的認真對待，也想要自己的人生獲得認真的看待。他們想知道自己做的事真的重要，也的確很重要。

美好人生並沒有公式可供套用，也沒有所謂正確或錯誤的人生。但是人生充滿選擇與結果，20世代有必要知道未來會面臨哪些選擇或結果。如此一來，當你終於到達未來時，才會有美好的感覺。隨著年紀漸長，最棒的就是知道你的人生是如何成功的，特別是當你早上醒來總是開心面對每一天。只要在二十幾歲用心經營你的人生，像這樣真正喜悅的日子遲早會到來。

當我進入洛磯山國家公園準備登山之前，我看見那則「高山無情」的標語。或許是因為這則標語讓我不安，我繞到管理處向護林員確認我的登山路線：抵達第一座紮營的山谷前，我必須走好幾公里路，還得經過一段蜿蜒的碎石山路。接著，我還要斜穿過一段陡峭的覆雪山坡，到達兩座山峰之間的鞍狀山脊。最後，

我必須在天黑之前翻越這座山脊到它的另一面。

這樣的行程不算多危險，因為我經驗豐富，裝備齊全。可是我必須以最快速度抵達那段覆雪的山坡，免得它因為陽光長時間的曝曬而變得濕滑。我很清楚自己該如何配速，也知道山坡的角度，但還是很緊張。

當我收拾好地圖準備離開時，我躊躇了一下，然後問護林員一句話：「我會不會成功呀？」

他望著我回答說：「你又還沒決定。」

那個時候，我覺得這名野外護林員不是很稱職。現在回想起來，我覺得很好笑。他當時對我講的話，是我每天對20世代客戶說的話，也是這整本書要傳達的重點。

未來並沒有刻在星星上，也沒有任何保證。你該做的，就是宣告自己已經成年、用心過日子、找份認真的工作、揀選你的家人、精算你的未來、創造自己的確定感。別讓那些你沒去了解或沒去做的事注定你的未來。

你現在做的事，都在決定你的人生。

致 謝 詞

　　一位同事警告我：「除非你非寫不可，不然不要寫書。」儘管談別人的經驗實在沉重，我仍然不得不試著說出這些年輕人的故事，這些男男女女與我分享他們人生中最艱難、也是最關鍵的時刻。多年來和20世代、30世代以及40世代的諮商經驗，給了我許多資訊與見解。我的客戶和學生不光是成就了這本書，他們還讓我非寫不可。這本書是為他們而寫的！

　　我要感謝所有直接或間接幫助我完成本書的同事，他們有的幫忙讀部分篇章，有些讀了全書初稿，有的人提出可供引用的評論、有用的參考資料、寶貴的見解或是盡心的指導，這些人包括：Jennifer Ackerman, Cameron Anderson, Jessica Barnes, Leslie Bell, Natalie Boero, Charles Boisky, Jane Easton Brashares, Allison Briscoe, Diane Burrowes, Laura Carstensen, Leonard Carter, Laurie Case, Nancy Chodorow, Kathleen Davies, Daphne DeMarneffe, Rachel Ebling, William Evans, Krista Gattis, Gian Gonzaga, Ravenna Helson, Tom Jenks, Oliver John, Emily Lape, Pema Lin, Janet Malley, Carol Manning, CJ Pascoe, Maryfrances Porter, Victoria Pouncey, Ellen Rambo, Deborah Raphael, Mark Regnerus, Richard Robbins, Brent Roberts, Molly Schnure, Bruce Smith, Abigail Stewart, Anderson

Thomson, Raphael Triana, Eric Turkheimer, Jeremy Uecker, Bradford Wilcox以及Gail Winston。

我也要感謝支持我訓練、教學、研究以及臨床工作的各個機構，包括維吉尼亞大學的諮詢和心理服務中心、科瑞教育學院（Curry School of Education）以及心理學系，加州大學柏克萊分校的心理學系、人格與社會心理學研究所、性別和婦女議題研究所與米爾斯縱向研究（Mills Longitudinal Study），加州舊金山的存取研究中心（Access Institute），美國精神分析協會（the American Psychoanalytic Association），以及美國國家精神衛生研究院。

對Twelve出版公司，我首先非常感謝Jonathan Karp認同我的想法，願意與20世代開啟一段全新的對話。他總是親切鼓勵我說出有趣的故事，並神奇的賦予我堅定自己信念的勇氣。他的建議都非常好，雖然我有時做得不夠好。Susan Lehman讀了初稿後，提供洞見讓本書內容更有組織、更犀利；我非常感激她，同時也謝謝她一直以來的支持。Cary Goldstein編輯手稿的最後版本，並勇敢的將它付印出版；他的觀點賦予本書全新的生命，雕塑出它最後的樣貌。另外，我也非常感謝編審Rachelle Mandik與製作編輯Siri Silleck的細心工作。

Twelve出版公司裡有三位值得讚許的20世代：Amanda Lang和Libby Burton逐章閱讀後給予有用的回饋，同時逐一審閱細節，讓本書更具真實性。Sonya Safro則一而再、再而三閱讀書稿，精

關指出某些可能讓20世代反感的段落，或是我對他們不夠了解的地方。看來出版界有許多用心過日子的20世代。

此外，光用筆墨實在難以形容我對Tina Bennett的欽佩之意。始終活力旺盛的她，不但是睿智十足的經紀人，也是洞察力敏銳的思想家，同時是一流編輯、出色的行動派、也是一位好到不行的好人。雖然40世代的重要時刻不若20世代來得多，但我從沒看過一個人像Tina這麼厲害：無論在哪個世代，她的人生總是充滿重要的時刻。

最重要的，我要感謝家人賦予我人生的意義及洞見，這些是我在二十幾歲始料未及的。首先要感謝我的先生不厭其煩陪我反覆討論這本書的內容，而且在寫書過程中始終給予百分之百的支持，包括願意聽我講沒頭沒尾的故事。我還要感謝我的孩子，當我專心寫作時，他們在辦公室外耐心等候。甚至，我也感謝他們偶爾等不及就衝進來找我的那些時刻。

隨著年紀增長，最棒的一件事就是知道你的人生是如何成功的。

20世代，
你的人生是不是卡住了……

作者｜梅格‧潔伊（Meg Jay, PhD）
翻譯｜胡琦君
總編輯｜吳佩穎
責任編輯｜呂靜芬、陳錦輝
美術設計｜楊啟巽設計工作室

出版者｜遠見天下文化出版股份有限公司
創辦人｜高希均、王力行
遠見‧天下文化 事業群榮譽董事長｜高希均
遠見‧天下文化 事業群董事長｜王力行
天下文化社長｜王力行
天下文化總經理｜鄧瑋羚
國際事務開發部兼版權中心總監｜潘欣
法律顧問｜理律法律事務所陳長文律師 著作權顧問｜魏啟翔律師
社址｜台北市104松江路93巷1號2樓
讀者服務專線｜（02）2662-0012
傳真｜（02）2662-0007；2662-0009
電子信箱｜service@cwgv.com.tw
直接郵撥帳號｜1326703-6號 遠見天下文化出版股份有限公司

製版廠｜東豪印刷事業有限公司
印刷廠｜柏晧彩色印刷有限公司
裝訂廠｜台興印刷裝訂股份有限公司
登記證｜局版台業字第2517號
總經銷｜大和書報圖書股份有限公司 電話｜（02）8990-2588
出版日期｜2014年5月1日第一版第1次印行
　　　　　2024年5月17日第三版第1次印行

定價｜400元
條碼｜4713510944561
書號｜BWL023B

20世代大改造 / 梅格.潔伊(Meg Jay)作；胡琦君譯. -- 第一版. -- 臺北市：遠見天下文化，2012.10 面； 公分. --
（工作生活；WL023）譯自：The defining decade : why your twenties matter and how to make the most of them now
ISBN 471-122-531-897-4(平裝) 1.心理輔導 2.成年 178.3 101020132